Gemütliche Radwege

Radtouren für Langschläfer

Oberbayern

Die 35 schönsten Halbtagestouren
mit Kultur, Baden und Einkehr

J. BERG

Inhalt

7 Rund um den Staffelsee

19 Benediktbeuern, Kochel und Schlehdorf

30 Um Seeon

Tourenüberblick

Tour												
1	●	Über die Wieskirche zum Forggensee	40 km	350/350 Hm	4 Std.	●		●	●	●	
2	●	Über Ettal zum Schloss Linderhof	37 km	150/150 Hm	3.15 Std.	●	●	●			●
3	●	Zwischen Ohlstadt und Eschenlohe	27 km	170/170 Hm	2.45 Std.	●	●	●	●		●
4	●	Von Mittenwald nach Wallgau	29 km	300/300 Hm	3 Std.	●	●	●	●	●	●
5	●	Von Mittenwald zur Isarquelle	32 km	400/400 Hm	3.15 Std.	●	●	●			●
6	●	Ins Murnauer Moos	27 km	80/80 Hm	3 Std.	●	●	●	●	●	●
7	●	Rund um den Staffelsee	19 km	70/70 Hm	2 Std.	●	●	●	●	●	●
8	●	Über Wessobrunn nach Raisting	34 km	300/300 Hm	3.15 Std.	●	●	●	●	●	●
9	●	Über Andechs nach Tutzing	49 km	500/500 Hm	4.15 Std.	●	●	●		●	●
10	●	Durch die Pupplinger Au nach Schäftlarn	37 km	180/180 Hm	3.30 Std.	●	●	●		●	●
11	●	Von Wolfratshausen zum Hoislbräu	51 km	300/300 Hm	4.30 Std.	●		●	●	●	●
12	●	Von Wolfratshausen nach Beuerberg	31 km	100/100 Hm	3 Std.	●	●	●		●	●
13	●	Von Münsing an den Starnberger See	23 km	150/150 Hm	2 Std.	●	●	●		●	●
14	●	Rund um die Osterseen	25 km	200/200 Hm	2.15 Std.	●	●	●		●	●
15	●	Zwischen Königsdorf und Bad Heilbrunn	25 km	280/280 Hm	2.30 Std.	●	●	●	●	●	
16	●	Von Bad Tölz zum Kirchsee	22 km	100/100 Hm	2 Std.	●	●	●		●	●
17	●	Von Bad Tölz nach Lenggries	30 km	200/200 Hm	3 Std.	●	●	●	●	●	●
18	●	Im Loisachmoor bei Bad Heilbrunn	28 km	140/140 Hm	3 Std.	●	●	●	●	●	
19	●	Benediktbeuern, Kochel und Schlehdorf	28 km	50/50 Hm	2.30 Std.	●	●	●	●	●	●
20	●	Um den Walchensee	32 km	140/140 Hm	3 Std.	●	●	●		●	
21	●	Um den Tegernsee	20 km	50/50 Hm	2 Std.	●	●	●	●	●	●
22	●	Schwarzentennalm und Hirschberg	29 km	350/350 Hm	3 Std.	●	●	●		●	●
23	●	Von Bayrischzell nach Fischbachau	30 km	400/400 Hm	3 Std.	●	●	●	●		●
24	●	Um Miesbach	22 km	200/200 Hm	2.15 Std.	●	●	●	●		●
25	●	Von Aying nach Altenburg	39 km	300/300 Hm	4 Std.	●	●	●		●	●
26	●	Von Bad Aibling nach Bad Feilnbach	38 km	140/140 Hm	4 Std.	●	●	●	●	●	●
27	●	Rund um Riedering	23 km	250/250 Hm	2.30 Std.	●	●	●	●	●	
28	●	Am Chiemsee-Nordufer	13 km	0/0 Hm	1.15 Std.	●	●	●	●	●	●
29	●	Um Seebruck	21 km	200/200 Hm	2.30 Std.	●	●	●	●	●	
30	●	Um Seeon	20 km	250/250 Hm	2.15 Std.	●	●	●	●	●	
31	●	Von Grabenstätt ins Bergener Moos	29 km	200/200 Hm	2.30 Std.	●	●	●	●		●
32	●	Durch das Bergener Moos	24 km	280/280 Hm	2.15 Std.	●	●	●	●		●
33	●	Durch die Kendlmühlfilzen	39 km	100/100 Hm	4 Std.	●	●	●	●	●	●
34	●	Von Grassau nach Schleching	30 km	280/280 Hm	3 Std.	●	●	●	●		●
35	●	Von Ruhpolding um den Zinnkopf	31 km	350/350 Hm	3.15 Std.	●	●	●			●

Vorwort

»Morgenstund hat Gold im Mund« oder »Der frühe Vogel fängt den Wurm« – an all diesen Sprichwörtern soll wohl etwas Wahres dran sein. Ja, und wenn schon!

Gerade am Wochenende wollen wir einmal ausschlafen. Da haben wir keine Lust, von einem schrillen Wecker aus den Träumen gerissen zu werden. Da wollen wir nicht in aller Früh in Hektik und Stress verfallen, nur um einem selbst auferlegten Freizeitprogramm hinterherzuhetzen.

Spätestens zum Sonnenuntergang sollten wir am Ausgangspunkt zurück sein: Kochel am See (Tour 19).

Rechte Seite: Gut ausgeschilderte Wege an der Wieskirche (Tour 1)

Klar, auch wir wollen nicht den ganzen Tag im Bett verbringen, aber ausschlafen, gemütlich frühstücken und den Tag langsam angehen lassen, das sollte schon mal drin sein. Danach können wir immer noch in Seelenruhe auf die Uhr schauen und entscheiden, wie lange wir Zeit für einen Ausflug haben.

Und deshalb haben wir für unternehmungslustige Radler dieses Buch recherchiert: kurze Radtouren, bei denen der Spaß und der Genuss niemals zu kurz kommen. Abwechslungsreiche Landschaften, Strecken unterschiedlichen Niveaus, Badegelegenheiten, Tipps für Stopps am Wegesrand mit Besichtigungsmöglichkeiten sowie Wirtshaus- und Biergartenempfehlungen runden das Ganze ab.

Trotz der Streckenkürze sind die Touren nicht für Sonntagsradler und Klappradfahrer geeignet. Denn nichts ist langweiliger als Radstrecken, die permanent über asphaltierte Straßen führen. In diesem Buch finden Sie viele abwechslungsreiche Touren, die allein aufgrund der geologischen Gegebenheiten Oberbayerns nicht immer flach sind.

Viel Spaß beim Ausschlafen wünschen
Lisa und Wilfried Bahnmüller

Königstraße
← STB Aufstieg Hohe Bleick 3,5 km
Unternogg 9,5 km–Altenau 9 km
Oberammergau 19
Altenau 11
Prem 9,1
Halblech 6,8
9
Romantische Straße
Bayernnetz für Radler
HERCULES

Einleitung

Alle in diesem Buch beschriebenen Radausflüge sind Rundtouren. Sie wurden von uns nach rein subjektivem Empfinden in die Rubriken »leicht«, »mittel« und »schwer« unterteilt. Selbstverständlich empfindet dies jeder Radfahrer anders. Der Leistungsbogen für die 35 Touren ist dabei sehr breit gespannt, was Länge, Höhenmeter und somit Kondition betrifft. Radanfänger tasten sich mit zwei, drei leichteren Touren an die »Freiheit auf zwei Rädern« heran. Viele gute, allgemeine Tipps gibt es übrigens auf der Website des Allgemeinen Deutschen Fahrradclubs unter www.adfc.de. Hier wollen wir den Umfang des Buches nicht sprengen und nur auf die für uns wichtigsten Hinweise eingehen.

Fahrzeiten und Höhenangaben

Für die Tourensteckbriefe haben wir uns um genaue Recherche bemüht. Ein Tacho ist hilfreich, aber nicht nötig. Auch unsere Kilometerzähler wurden nicht extra geeicht und sind keine GPS-Geräte. Für die Zeitangaben gehen wir von einer Durchschnittsgeschwindigkeit von ca. 10 km/h aus. Auf ebener Strecke geht es etwas schneller voran, bei Steigungen dementsprechend langsamer. Bitte planen Sie genügend Zeit für Pausen, Einkehr- oder Besichtigungsstopps ein, diese wurden von uns nicht berücksichtigt. Selbstverständlich können sich Öffnungszeiten von Sehenswürdigkeiten oder Ruhetage von Gaststätten ändern, genauso wie es Pächterwechsel gibt und sich Küchen verändern. Genaue Angaben lassen sich im Internet schnell recherchieren, so ist man immer auf dem aktuellen Stand. Viele der Touren eignen sich auch für Familien mit Kindern, die sicher Fahrrad fahren können. Einige sind ziemlich kurz, manche lange lassen sich abkürzen, die meisten führen über sehr verkehrsarme Nebenstraßen.

Biergartenidylle an der Ettaler Mühle (Tour 2)

Linke Seite: In der Kendlmühlfilzen (Tour 33)

Rad- und Wanderkarten

Zur Wegfindung reichen die Karten im Buch zusammen mit der Wegbeschreibung im Text aus. Wer aber die Tour verlängern oder abkürzen will, dem hilft zur Orientierung eine zusätzliche Rad- bzw. Wanderkarte. Wir haben sehr gute Erfahrungen mit

Zwischen Bad Tölz und Lenggries gibt es auch schmale Wege (Tour 17).

den Kompass-Karten gemacht, die noch dazu den Vorteil haben, dass sie fast überall erhältlich sind.

Einkehr/Verpflegung

Fast überall gibt es Einkehrmöglichkeiten. Verhungern oder gar verdursten muss in Bayern niemand. Wir haben bei jeder Tour einen Tipp angegeben. Nach wie vor gibt es nicht immer durchgehend warme Küche, und manche Gaststätten öffnen erst gegen Abend. Deswegen nehmen wir grundsätzlich reichlich zu trinken mit (mindestens einen Liter pro Person) und packen zumindest einen Apfel, Durchhaltekekse oder einen Müsliriegel ein. Manchmal ist ja auch das selbst mitgeführte Picknick oder die Brotzeit am schönsten.

Ausrüstung

Wir sind die Strecken mit einem Touren- bzw. Trekkingrad gefahren. Ein robustes Citybike ist auch in Ordnung, ebenso wie ein Mountainbike. Natürlich funktionieren die Touren auch bestens mit dem E-Bike. Die Touren sind allesamt in ihrer Länge so

übersichtlich, dass sie sich locker mit einem vollgeladenen Akku bewältigen lassen, deshalb haben wir keine Aufladestationen angegeben. Ein Rennrad ist dagegen ungeeignet, da wir neben verkehrsfreien Straßen und Wegen immer wieder auch kleine unebene Wege benützen. Es gibt aber auch einige Steigungen zu bewältigen, hier erleichtern ein paar Gänge mehr das Fahren.

Zusätzliches Kartenmaterial braucht man nur für spontane Touränderungen.

Links: Rapsfeld bei Lindach (Tour 25)

Die Bekleidung ist natürlich von der Jahreszeit und vom Wetter abhängig. Gute Dienste erweist eine gepolsterte Radhose. Sie schützt unseren Allerwertesten, ist elastisch genug, um jede Bewegung mitzumachen, und gleichzeitig eng genug, dass sich die Hosenbeine nicht in der Kette verheddern können. Wer sich in einer solchen Hose unwohl fühlt, kann auch eine gepolsterte Fahrradunterhose tragen. Sehr bewährt hat sich Funktionswäsche für die Oberbekleidung. Sie trocknet leicht und ist atmungsaktiv. Wegen der schattigen Waldwege packen wir auch im Sommer einen Pulli ein. Im Frühjahr und Herbst haben wir gerne sogenannte Windstopper-Jacken dabei. Sie lassen den Fahrtwind nicht durch, trotzdem schwitzt man in ihnen nicht wie unter einer reinen Regenjacke. Letztere erfüllt natürlich ebenfalls ihren Zweck an regnerischen Tagen, von denen wir aber hoffen, dass Sie keinen einzigen erwischen werden. Selbstverständlich lässt sich in praktisch allen Seen und zum Teil auch in den Flüssen baden und schwimmen. Deswegen nehmen wir im Sommer Badesachen mit, inklusive einer kleinen Decke oder einem Handtuch als Sitz- bzw. Liegegelegenheit.

Weniger wichtig, aber ganz praktisch sind Fotokamera, Sonnencreme, Brille gegen die Fahrtwindfliegen, Landkarten und Bestimmungsbücher für Flora und Fauna.

Jede Tour führt an einem Gasthaus oder Café vorbei, hier am Café Moosmühle in Bad Feilnbach (Tour 26).

Sicherheit

Auch beim Fahrradfahren gelten ein paar Regeln, die, wenn man sie grundsätzlich beachtet, Unfälle vermeiden helfen. Ein Fahrradhelm ist zwar nicht vorgeschrieben, aber bei uns gehört er zum Pflichtprogramm. Ebenso sollte man vor dem Start seine Ausrüstung und vor allem die Bremsen prüfen. Auch ein Erste-Hilfe-Notfalltäschchen hat neben dem Ersatzschlauch und der Luftpumpe (ohne Fahrradpumpe nützt das beste Flickzeug nichts!) noch Platz im Rucksack oder in der Fahrradtasche.

Vor allem im Herbst wird es früh dunkel. Falls Sie ein Fahrrad ohne funktionierende Beleuchtung besitzen, tragen Sie zumindest einen Fahrradhelm mit eingebauten Leuchtdioden, oder beenden Sie rechtzeitig vor Anbruch der Dunkelheit die Runde.

Bei feuchter Witterung müssen wir besonders bei steilen Abfahrten mit rutschiger Fahrbahn rechnen. Fahren Sie abwärts deshalb

stets überlegt und mit großer Rücksichtnahme – vor allem, wenn es sich um ungeteerte Feldwege handelt. An manchen Stellen sollte man dann aus Sicherheitsgründen lieber schieben. Das gilt übrigens sowohl für Fußgängerbereiche als auch für sensible Natur- oder Wildzonen. Wir dürfen keinesfalls abseits der Wege und Pfade oder gar querfeldein radeln. Viele Gebiete befinden sich in Privatbesitz, dort dürfen wir uns nur aufgrund der Toleranz und Duldung der Eigentümer bewegen. Deshalb sollten Weidegatter auch immer wieder verschlossen und Absperrungen akzeptiert werden.

Einige der Touren führen zu den oberbayerischen Seen wie dem Simssee am Tor zum Chiemgau (Tour 27).

Zur Sicherheit für unsere Räder packen wir die Fahrradschlösser immer ein. Es wäre schade, wenn man nach Besichtigungen ein böses Erwachen erlebt.

Anfahrt

Fast alle Ausgangsorte der Touren lassen sich mit öffentlichen Verkehrsmitteln erreichen. Das ist umweltverträglicher und erspart den Blechlawinenstau am Abend. Nur die Ausgangsorte zu den Touren 1, 15, 18, 20, 27, 29 und 30 sind nicht ohne eigenen Pkw zu erreichen.

Viel Spaß beim Ausschlafen für die Tour am Chiemsee (Tour 28)!

Radtouren für Langschläfer

1 Über die Wieskirche zum Forggensee

An den Grenzen des Allgäus

mittel | 40 km | 350 m | 4 Std.

Tourencharakter
Überwiegend auf Radwegen und einsamen Nebenstrecken geht es auf und ab durch den Trauchgau. Auch wenn einige Streckenabschnitte entlang von Flüssen und Seen führen, bleibt es nicht beim ebenen Uferweg.

Ausgangs-/Endpunkt
Steingaden, Marktplatz am Kloster

Geokoordinaten
47.7014, 10.8615

Anfahrt
Auto: Von München über Starnberg auf der B 2 nach Weilheim, weiter Richtung Peißenberg. Vor dem Ort auf der B 472 Richtung Peiting und rechts auf der B 17 nach Steingaden. Großer Parkplatz in der Kissinger Straße

Einkehr
Viele Möglichkeiten entlang des Weges; Panoramastadl am Illasberg/Forggensee mit Selbstbedienung bietet nicht viel Gerichte, lohnt jedoch sehr wegen der gigantischen Aussicht; sehr gute Wirtshäuser auch an der Wieskirche

Karte
Kompass Nr. 180 Starnberger See, Ammersee, 1:50 000

Information
www.steingaden.de

Fast immer mit Blick auf das Märchenreich König Ludwigs II. bei Füssen radeln wir entlang von Bächen, Seen und dem Lech. Ein Höhepunkt gleich zu Beginn ist die Wieskirche, die einzigartige Krönung des süddeutschen Rokokos.

Zum bayerischen Rokoko Das Kloster Steingaden im Rücken wenden wir uns zunächst nach links und folgen dem Wegweiser über Litzau zur Wieskirche. Jetzt ist es endgültig mit dem Ausschlafen vorbei. Zum Aufwärmen geht es gleich mal 100 Höhenmeter aufwärts. Die schöne Landschaft entschädigt für die schweißtreibende Auffahrt, und schon bald rollen wir auf das zum UNESCO-Weltkulturerbe gekrönte Gotteshaus Wieskirche zu. Sie ist heute mehr denn je das Ziel von vielen Tausend Besuchern täglich, die Größe der Parkplätze spricht ein deutliches

Bei Lechbruck gibt es am Lechstausee eine herrliche Badestelle.

Wort. Und sie ist ein Wunder an Form und Licht, zu welcher Tageszeit man die Kirche auch betritt, ob Sommer oder Winter, sie stellt sich immer in anderer Gestalt dar. Der berühmte Baumeister der Kirche, Dominikus Zimmermann, hat sie gemeinsam mit seinem Bruder Johann Baptist so gestaltet, dass sie zu jeder Tageszeit, bei jedem Sonnenstand wirkt, als sei sie genau für dieses Licht gebaut. Direkt an der Kirche führt unser Radweg weiter.

Zur Kaffeepause Im steten Auf und Ab folgen wir den Schildern »Resle/Trauchgau/Halblech« nach Süden, wobei wir schließlich rechts auf den Königssee-Bodensee-Radweg einbiegen. Achtung: Kurz vor Oberreithen dürfen wir nicht zu schwungvoll bergab rollen, denn wir biegen scharf links in einen ungeteerten Weg ein, der sonst leicht zu übersehen ist. Mit freiem Blick auf die Füssener Bergwelt geht es nun durch die artenreiche, im Sommer hüfthohe Flora der Trauchgauer Moorlandschaft. So erreichen wir Trauchgau. In der Ortsmitte folgen wir links den

Schildern Richtung Halblech. Kurz nach dem Ortsausgang lässt sich der erste Blick zum Schloss Neuschwanstein unterhalb des Tegelbergs erhaschen. In Halblech halten wir uns weiter links über den Fluss Halblech und die Bruckschmiede, bis wir auf einer Autostraße die B 17 überqueren und geradeaus zum Ortsteil Berghof/Buching mit seinem frei stehenden Wallfahrtskirchlein St. Peter hinaufradeln. Oben beginnt wieder ein Radweg. Der Streckenabschnitt zählt zu den schönsten und aussichtsreichsten im Allgäu. Über Kniebis kommen wir zum Illasbergsee. Der Badesee mit seinen Liegewiesen ist eine Nebenbucht des großen Forggensees. Jetzt geht es noch einmal bergauf. Oben angekommen, winkt jedoch die Terrasse des Panoramastadls zur Einkehr für einen Nachmittagskaffee am Illasberg. Gleich einem barocken Bühnenbild baut sich vor uns die zauberhafte Landschaft des Ostallgäus auf. Der Blick schweift zuerst über saftige Wiesen, auf den Forggensee mit seinen Segel- und Motorbooten bis nach Füssen mit der über der Stadt thronenden Burg und der dahinter liegenden Bergkette des Ammergebirges und der Lechtaler Alpen.

Einkehr-Tipp

An der Wieskirche liegen zwei Gasthöfe, der Gasthof Moser beim Parkplatz und der Gasthof Schweiger unmittelbar an der Wieskirche. Bei beiden Gasthäusern gibt es keinerlei Touristennepp, den man bei dem ungeheuren Besucheransturm durchaus vermuten könnte. Wir haben dort immer gut gegessen und sind trotz zahlreicher Gäste gut und rasch bedient worden. Eine Spezialität beim Schweiger sind die ausgezogenen Schmalznudeln, die über die Theke auch zum Mitnehmen verkauft werden.

Im Frühsommer blühen Blutweiderich und Mädesüß an der Radstrecke im Trauchgauer Moor.

Entlang des Lechs Zum Kraftwerk Roßhaupten rollen wir abwärts, halten uns in der Kurve rechts und folgen der kleinen Teerstraße (Beschilderung »Lechbruck/Riesen/Helmenstein«). Jetzt geht es oberhalb des Lechs und seiner Staustufen nach Norden bis Lechbruck. Hier überqueren wir den Lech und halten uns dann rechts (Schild »Prem«). Gleich nach der Rechtskurve und dem Wasserhäuschen biegen wir links am letzten Bauernhof (Schild »Helmau – Karlsebene«) auf den Radweg nach Steingaden. Durch die Premer Filz und Steingädele kommen wir wieder

nach Steingaden. Jetzt geht es nur noch durch die Neubaugebiete des Ortsrandes zurück bis zum Kloster.

Das Rokokojuwel Wieskirche war eigentlich ein Schwarzbau.

Ganz oben: Bauernhof bei Berghof

Steingaden Für eine Besichtigung reicht hoffentlich noch das letzte Tageslicht aus. Das Kloster wurde bereits 1147 durch Herzog Welf VI. gegründet. Daher rührt auch der Name »Welfenkloster«. Auch wenn das Kirchenschiff reich im Rokokostil um 1747 zur 600-Jahr-Feier modernisiert wurde, finden wir bei einem Rundgang noch viele Zeugnisse romanischer Baukunst. Bestechend ist der starke Kontrast zwischen dem farbenfrohen, üppig dekorierten und geradezu überstilisierten Kirchenschiff und dem schlichten und ruhig wirkenden Kreuzgang. Gegensätze können nicht größer sein.

2 Über Ettal zum Schloss Linderhof

Zwischen Kitsch und König

mittel | 37 km | 150 m | 3.15 Std.

Tourencharakter
Ruhige und fast ebene Rundtour, überwiegend auf Forst- und Radwegen entlang der Loisach. Für Besichtigungen von Kloster Ettal und Schloss Linderhof sollten wir uns Zeit nehmen und das Fahrradschloss nicht vergessen!

Ausgangs-/Endpunkt
Oberammergau, Bahnhof

Geokoordinaten
47.5996, 11.0570

Anfahrt
Bahn: Mit dem Zug von München Richtung Garmisch, in Murnau umsteigen nach Oberammergau. Auto: Auf der A95 zum Autobahnende, dann weiter auf der B23 nach Oberau und über den Ettaler Sattel nach Oberammergau. Parkplätze am Bahnhof

Einkehr
In Ettal mehrere Möglichkeiten am Kloster. Die Ettaler Mühle mit hübschem Biergarten und Mühlrad liegt direkt auf unserer Strecke.

Karte
Kompass Nr. 6 Alpenwelt Karwendel, 1:50000

Information
www.ammergauer-alpen.de

Der landschaftliche Liebreiz der Ammergauer Alpen begeisterte den Märchenkönig Ludwig II. so sehr, dass er dem Münchner Hofleben den Rücken kehrte und sich lieber hier in der idyllischen Bergwelt das Schloss Linderhof erbauen ließ.

Ettal und seine Kuppelkirche Startplatz unserer Tour ist der Bahnhof von Oberammergau. Für ca. 50 Meter geht es auf der Bahnhofsstraße Richtung Ortszentrum. Nach der Ammer-Brücke biegen wir rechts auf den Radweg entlang des Flusses. Nun folgen wir dem Schild »Talrunde/Kloster Ettal« nach rechts über einen kleinen Zulauf der Ammer. Wir passieren die Bärenhöhle, die wir markant über unseren Köpfen im Felsen entdecken. Bis Ettal bleiben wir auf dieser Flussseite und überqueren nur einmal die zum Schloss Linderhof führende Autostraße. Dann erreichen wir den Talschluss und stehen völlig unvermittelt vor dem gewaltigen Klosterkomplex von Ettal. Ettal ist die größte Kuppelkirche Bayerns. Nach vielen Vorgängerkirchen wurde das Barockjuwel 1716 nach Plänen von Zucalli erbaut. Bis zur Fertigstellung sollten aber noch fast 75 Jahre vergehen. Gut Ding will Weile haben, und so sehen wir heute ein Gesamtkunstwerk bayerischen Barocks, an dem viele bedeutende Künstler wie J. B. Straub, J. Schmutzer, oder J. J. Zeiller mitgewirkt haben. Nach wie vor ist das Benediktinerkloster ein lebendiger wirtschaftlicher wie kultureller Mittelpunkt des Tales.

Idyllisches Graswangtal Nach der Besichtigung fahren wir neben dem Hotel Bayern in den Notalmweg. An seinem Ende erwarten uns zwar ein paar Treppenstufen, über die wir unsere Räder auf einen Wiesenweg hinuntertragen. Dahinter geht es über eine Wiese, aber am Waldrand biegen wir rechts schon wieder in einen größeren Feldweg ein. Jetzt geht es durch lichten Mischwald etwas bergauf. Der Blick zurück lässt das Kloster Ettal noch einmal in seiner ganzen Pracht und Größe erscheinen.

Doch bald schon rollen wir über eine kleine Holzbrücke bergab und folgen nun immer dem Radwegschild »Graswang/Linderhof«. Wir überqueren die Straße nach Linderhof und haben uns eine Brotzeit am rustikalen Mühlrad der Ettaler Mühle wohl verdient. Jetzt müssen wir auf die Uhr schauen und überlegen, ob wirklich noch genug Zeit ist, die zwölf Kilometer lange Strecke ins Graswangtal zu radeln. Landschaftlich und kulturell lohnt es sich ganz sicher und, versprochen, es geht fast nur flach und somit mühelos dahin. Wir überqueren den Mühlbach und folgen links dem Radwegschild. Idyllisch geht es am glasklaren Bach entlang, vor der Ammerbrücke biegen wir links ein und folgen nun immer den Radwegschildern zum Schloss Linderhof. Der Weg führt durch den schattigen Wald, rechts von uns liegen versteckt die Ammerquellen. Wir queren den Kühalpenbach, passieren das Forsthaus Dickelschwaig und biegen unmittelbar nach der Brücke über die meist ausgetrocknete Linder links ein. Gleich darauf radeln wir am Weiler Graswang vorbei.

Pfarrkirche St. Peter und Paul in Oberammergau

Ganz oben: Alte Bauernhöfe in Graswang

Prunk und Pracht in Linderhof Nach weiteren sechs Kilometern erreichen wir über die Staatsstraße und die Parkplätze den Schlosspark am Alten Tor. Zur Besichtigung lassen wir die Räder stehen oder schieben am Schloss vorbei (der Schlosspark ist frei zugänglich). Schloss Linderhof wurde lange von vielen Kunsthistorikern als reiner Kitsch abgetan. Die Millionen Besucher, die sich durch die ursprünglich dem König allein vorbehaltenen Räume drängen, haben sich davon nie beeindrucken lassen. Ihnen gefällt der überschwängliche Neo-Rokokostil. Schließlich hat man erkannt, dass das Beharren des königlichen Auftraggebers auf höchste Perfektion dem Kunsthandwerk neue Impulse gab und auch die Technik ein gutes Stück vorantrieb. Der König kümmerte sich um jedes Detail. Was ihm nicht gefiel, wurde verworfen, musste neu, besser gemacht werden. Für die elektrische Beleuchtung der Venusgrotte baute Werner von Siemens einen der ersten Stromgeneratoren der Welt. Die Besucherattraktion ist jedoch das berühmte »Tischlein-deck-dich« im Speisezimmer. Der Tisch wurde in der darunterliegenden Küche gedeckt und über einen mechanischen Aufzug nach oben gefahren. So blieb der König während des Essens ungestört.

An der Ammer zurück Die einfachste Rückfahrt führt über den gleichen Weg bis nach Graswang zurück. (Alternative: Über den sogenannten Kohlbachweg, der ist aber nur Mountainbikern zu empfehlen. Er beginnt oberhalb des Schlosses und endet ebenfalls in Graswang.) In der Ortsmitte von Graswang folgen wir

für die Rückfahrt nun der Unteren Dorfstraße an einigen schönen alten Bauernhäusern vorbei und radeln dann in den Sonnenbergweg. Am Ortsende halten wir uns rechts und radeln nun der Beschilderung »Ettal/Oberammergau« nach in den Sonnenweg. So kommen wir zurück in das Ettaler Weidmoos. Am Ende biegen wir in die kleine Teerstraße links ein und radeln unterhalb der Falkenwand vorbei, in der oft Kletterer ihr Können beweisen. Dann stoßen wir wieder an das Ammerufer, dem wir nun einfach flussabwärts folgen. So kommen wir sicher zurück bis zum Startplatz.

Linderhof ist Ziel unserer Radtour. Der Park ist frei zugänglich.

Oberammergauer Lüftlmaler

Oberammergau ist für seine Schnitzkunst und die mit Lüftlmalerei geschmückten Häuser berühmt. Mit »Malen an der frischen Luft« hat das Wort nichts zu tun. Dieser Begriff entstand durch den Freskant Franz Zwinck (1748–1792), dessen Bilder an vielen Häusern im Ort erhalten sind. Zwinck lebte im Haus »Zum Lüftl« in der Judasgasse 2. Damals war es üblich, neben seinem Taufnamen auch den Hofnamen zu verwenden. Sein Haus machte ihn somit zum Lüftlmaler. Einige der schönsten Häuser sind: das Pilatushaus, das Forstamt und vor allem für Kinder die mit Märchen verzierten Häuser in der Ettaler Straße. Im Erdgeschoss des Pilatushauses in Oberammergau gibt es jeden Nachmittag eine lebende Werkstatt. Kunsthandwerker lassen sich bei ihrer Arbeit über die Schultern blicken und beantworten gerne Fragen zu ihrer Kunst.

Oberammergauer Passion

Die Passionsspiele von Oberammergau werden nur alle zehn Jahre aufgeführt und gehen auf das Jahr 1633 zurück, in dem die Pest im Ort wütete. Das einstige Gelübde ist heute ein perfekt inszeniertes Schauspiel.

3 Zwischen Ohlstadt und Eschenlohe

Freier Blick auf die Zugspitze

mittel | 27 km | 170 m | 2.45 Std.

Tourencharakter
Ruhige Rundtour, überwiegend auf Forst- und Radwegen entlang der Loisach. Der erste Teil mit einem längeren anstrengenden Stück bergauf. Danach fast völlig eben. Viel Schatten auch im Sommer. Nach starken Regenfällen kann der Weg entlang der Loisach überschwemmt sein.

Ausgangs-/Endpunkt
Ohlstadt, Rathaus

Geokoordinaten
47.6334, 11.2341

Anfahrt
Bahn: Mit dem Zug von München Richtung Garmisch, Haltestelle Ohlstadt. Auto: Autobahn A95 Ausfahrt Murnau/Kochel, weiter in Richtung Murnau, unmittelbar nach dem Gut Schwaiganger links nach Ohlstadt. Einige Parkplätze in der Ortsmitte

Einkehr
In Eschenlohe das griechische Restaurant Taverna Athena und der Gasthof Zur Brücke direkt an der Loisach. In Ohlstadt das Gasthaus zur Post

Karte
Kompass Nr. 6 Alpenwelt Karwendel, 1:50000

Information
www.ohlstadt.de

Am Fuße des Estergebirges radeln wir durch das herrliche Loisachtal und das Loisachmoor, immer mit freiem Blick auf die Zugspitze. Ohlstadt, Eschenlohe und Oberau sind kleine, nette bayerische Dörfer, in denen noch viele alte Höfe und Häuser zu finden sind.

Die Villa des Malerfürsten Unsere Radtour beginnt am Maibaum vor dem Rathaus von Ohlstadt. Auf der Kaulbachstraße kommen wir an der Villa des Münchner Malerfürsten Kaulbach vorbei, die heute der LVA Unterfranken gehört. Das Atelier des Malers kann besichtigt werden (April bis November, Mittwoch und Samstag 16–18 Uhr). Nach der Villa geht es links in die Boschetstraße, und schon radeln wir über Felder und über die Bäche Kaltwasserlaine und den Greiterbach zu den Sportplätzen am Waldrand. Wir wenden uns nach rechts und passieren die Bob-

Ehemaliges Bauernhaus Am Gern in Farchant

Aussicht zur Zugspitze vom etwas anstrengenden Wegabschnitt beim Heldenkreuz

anschubbahn, auf deren Schienen die Bobsportler von Ohlstadt den Start üben können. Auf der ungeteerten Forststraße geht es zwischen den Viehweiden und dem Wald langsam aufwärts. Nach einem Holzlagerplatz wird es etwas steiler, aber an der Schranke haben wir es geschafft. Stellenweise aussichtsreich geht es wieder abwärts. Kurz bevor wir in Eschenlohe sind, können wir die Räder abstellen und zu Fuß zum Heldenkreuz hinaufsteigen.

Ziegen begrüßen uns in Eschenlohe.

Heldenkreuz Oben erwartet uns auf einem Felsplateau eine einmalige Sicht auf das Loisachtal. Von der Aussichtskanzel blicken wir weit über das Murnauer Moor und Eschenlohe auf das Werdenfelser Land

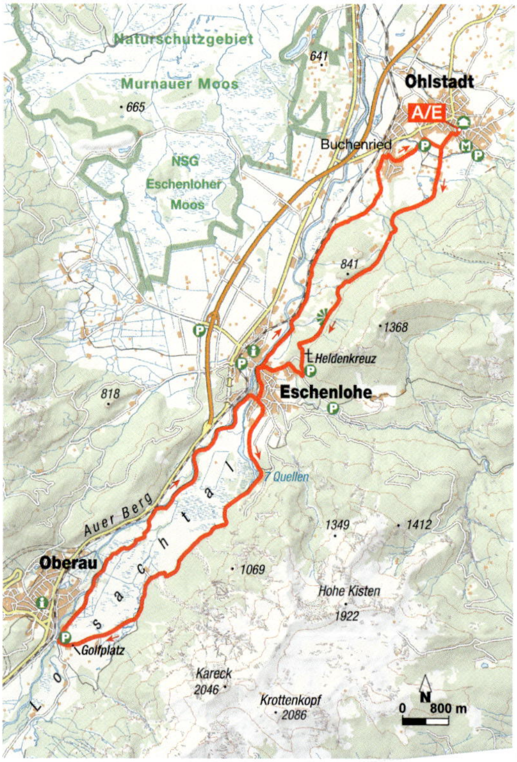

Die Loisach bei Oberau

und das Wettersteinmassiv mit der Zugspitze. Nach der Schaurast geht es auf dem Forstweg weiter abwärts zu einem Wanderparkplatz in Eschenlohe. Hier radeln wir jetzt rechts über die Walchenseestraße an die Loisach hinunter. Der Ort hat eine lange Geschichte, führte doch bereits im 1. Jh. n. Chr. eine der alten Römerstraßen von Italien nach Augsburg hier vorbei. Über dem Ort, dort wo heute die Niklauskapelle steht, lag im Mittelalter die Burg der Grafen von Eschenlohe.

Sieben Quellen Wir bleiben auf dieser Uferseite und radeln vor der neuen Brücke links in die Mühlstraße. An ihrem Ende kreuzen sich fünf Straßen. Wir folgen zuerst geradeaus, dann links in die Römerstraße der Radwegbeschilderung »Garmisch–Oberau« bzw. »Sieben Quellen«. So verlassen wir Eschenlohe,

Linke Seite oben: Der zweite Teil der Strecke entlang der Loisach ist flach und familienfreundlich.

und es geht nun leicht aufwärts. Oben auf einem Hügel angekommen, jubiliert unsere Ästhetenseele: Eine Landschaft wie im schönsten Bayern-Bildband liegt vor uns. Weit streckt sich das Tal über das Moor ins Werdenfelser Land hinein, überragt vom Wettersteingebirge mit der Zugspitze. Abwärts kommen wir zu den »Sieben Quellen«, einem eindrucksvollen Naturschauspiel. Hier stößt eine wasserführende Schicht aus dem Estergebirge an die Oberfläche. Gewaltige Mengen Wasser in schillernden Blau- und Grüntönen ergießen sich dabei in das Pfrühlmoor und bilden die Mooraugen. Selbst an heißen Sommertagen ist dieses Wasser eiskalt.

Römerstraße Immer weiter auf der ungeteerten Straße, der ehemaligen Römerstraße, fahren wir am Fuße des Estergebirges entlang und gelangen zu einem netten Picknickplatz am Lauterbach. Danach passieren wir einen Golfplatz und erreichen die Loisachbrücke in Oberau. Wir queren sie nicht, außer wir möchten den Ort besuchen, sondern biegen noch vor dem Bauernhof rechts ab. Jetzt folgen wir wieder dem Radweg und der Loisach, die zu unserer Linken fließt. Am Klärwerk geht unser Weg wieder in einen ungeteerten Uferweg über. Nun radeln wir mal mehr und mal weniger nah am Flussufer entlang und kommen an einem großen Viehgatter (bitte wieder schließen!) zurück nach Eschenlohe. Für den Rückweg bis Ohlstadt bleiben wir weiterhin auf der rechten Uferseite. Von der Loisachbrücke aus radeln wir in die Heubergstraße. Noch bevor die Bahn unseren Weg kreuzt, wendet sich der Weg nach rechts, und wir radeln entlang der Gleise durch Weidewiesen nach Norden. Im Ortsteil Buchenried biegen wir rechts in den Buchenweg, dann gleich links in die Von-Kühlmann-Straße und erneut rechts in den Greutweg. So vermeiden wir die stark befahrene Autostraße und kommen über das Warmfreibad von Ohlstadt zur Badstraße, in der wir rechts bis zur Boschetstraße, die wir vom Hinweg bereits kennen, gelangen. Jetzt sind es nur noch wenige Meter bis zum Startplatz zurück.

Barockes Schmuckstück

In Eschenlohe sollten wir nicht vergessen, die wunderschöne, 1765 nach den Plänen des großen Barockbaumeisters Johann Michael Fischer erbaute Kirche St. Clemens zu besuchen. An der Innenausstattung haben bedeutende Künstler wie Johann Baptist Straub (Hochaltar) und Ignaz Paur (Fresken) mitgearbeitet.

4 Von Mittenwald nach Wallgau

Buckelwiesen unterm Karwendel

mittel | 29 km | 300 m | 3 Std.

Tourencharakter
Die Tour beginnt im leichten Auf und Ab. Dem folgen eine Erholungsphase in Krün und Wallgau und schließlich ein längerer Anstieg auf die Höhenstraße, der aber zu schaffen ist. Etwas Kondition ist erforderlich.

Ausgangs-/Endpunkt
Mittenwald, Bahnhof

Geokoordinaten
47.4399, 11.2651

Anfahrt
Bahn: Von München über Garmisch nach Mittenwald. Auto: Autobahn A95, über Garmisch nach Mittenwald. Parkplätze am Bahnhof in der Ortsmitte

Einkehr
In Mittenwald gibt es sehr viele Möglichkeiten, dort können wir uns am Ende verwöhnen lassen. Für die Tour selbst empfehlen wir einen leckeren Picknickkorb zu richten oder eine Brotzeit einzupacken. Die schönsten Rastplätze sind der Barmsee oder die kleine Kapelle Maria Rast.

Karte
Kompass Nr. 6 Alpenwelt Karwendel, 1:50000

Information
www.mittenwald.de

Entlang der Isar und über den Barmsee geht es zu den reizvoll blühenden Buckelwiesen bei Mittenwald. Sie sind ein geomorphologisches Phänomen, das durch die letzte Eiszeit und von Menschenhand entstanden ist. Große Bereiche davon stehen unter Naturschutz.

Nach Krün Vom Bahnhofsplatz in Mittenwald radeln wir rechts in die Dammkarstraße und überqueren die Gleise. Wir folgen nicht der Vorfahrtstraße, sondern bleiben weiter in der Dammkarstraße. Nach 400 Metern biegen wir rechts ab und überqueren zuerst einen Bach und dann die Isar. Unmittelbar nach der Brücke folgen wir links dem Schild »Isarradweg«. Der Weg mündet bei einer Gärtnerei in eine Teerstraße. Wir radeln auf der Straße in Sichtkontakt zur Isar, dann geht es bei den Bundeswehrkasernen und dem Muli-Denkmal der Gebirgsjäger wieder rechts auf

den »Isarradweg«. Zwischen Militärsperrgebieten strampeln wir unter der Autoschnellstraße hindurch und biegen danach links, parallel zur Autostraße, auf den Radweg ein. Kurz darauf sind wir aber einsam und still entlang der Isar unterwegs. Wir überqueren einen Bach und folgen dem Radwegschild nur noch zur Autostraße. Hier wählen wir den Teerweg ganz rechts, der leicht bergauf führt, mit dem grünen Wanderschild »Krün«. Kurz darauf ist das einsam gelegene Almhaus unser nächster Wegweiser. Hier fahren wir rechts auf die ungeteerte Straße. 500 Meter später wählen wir an der Kreuzung links den leichteren Weg bergab. Nun wird es hügelig, aber die Anstiege sind überschaubar, und der autofreie Weg lässt uns die Landschaft genießen. Bald rollen wir abwärts, an Almwiesen vorbei, auf den Isarstausee und Krün zu. Wir rumpeln über einige Weideroste und erreichen schließlich die Brücke in Krün.

Für die Besichtigung von Mittenwald ist bestimmt nach der Radrunde noch etwas Zeit übrig.

Linke Seite: Die Goasalm lockt an den Buckelwiesen zu einer Einkehr.

Durch die Isarauen Hier bleiben wir jedoch auf der rechten Flussseite und radeln immer auf dem Hauptweg entlang des grünen Isarwassers bis Wallgau. Wir überqueren auf einer kleinen Holzbrücke den Fluss und radeln links in den Ort zur Pfarrkirche St. Jakob hinauf. Rund um die Kirche liegt der sehenswerte historische Dorfkern. Besonders das Gasthaus zur Post mit seinen Lüftlmalereien und dem Zierbundwerk am Gebälk sticht ins Auge. Wir biegen bei der Kirche in die kleine Straße am Gasthaus zur Post ein und wählen dann die Barmseestraße, auf der wir den Ort verlassen. In der Nähe der Tennisplätze überqueren wir den Isarkanal und halten uns 300 Meter später auf dem ausgeschilderten Radweg rechts.

Über Blumenwiesen zum Baden Jetzt gleiten wir fast eben und einsam über die weiten, saftigen Blumenwiesen von Wallgau. Immer auf dem Hauptweg bleibend kommen wir an eine Kreuzung, nach der nur wenige Meter weiter ein Weg nach rechts abzweigt. Ihm folgen wir und erreichen in einem weiten Linksbogen den romantischen Barmsee. Das Panorama ist einzigartig. Hinter dem See erheben sich die mächtigen Felsmassive des Karwendelgebirges. Mit bloßem Auge lässt sich das Informationszentrum des Naturparks »Das Fernrohr« neben der Bergstation der Karwendelbahn erkennen. Nördlich davon erhebt sich die Schöttlkarspitze, während sich auf der anderen Seite das Wettersteingebirge mit der Zug- und der Alpspitze in den weiß-blauen Himmel schraubt. Im Übrigen ist das im Sommer ein wunderschöner Badeplatz. Zurück geht es ein kurzes Stück auf demselben Weg. Dann biegen wir jedoch am Beginn des Bannwaldes rechts in den Feldweg ab. Nun bleiben wir geradeaus, überqueren die Teerstraße in einen kleinen Weg und erreichen, am Landhotel Zum Bad vorbei, die Straße Am Bärnbichl. Hier biegen wir links ein und fahren zunächst auf Krün zu, um dann rechts in die Hochstraße abzubiegen. Die Straße teilt sich vor einer Unterführung. Unter der Autoschnellstraße hindurch steigt dann unser Weg ein kurzes Stück steil an.

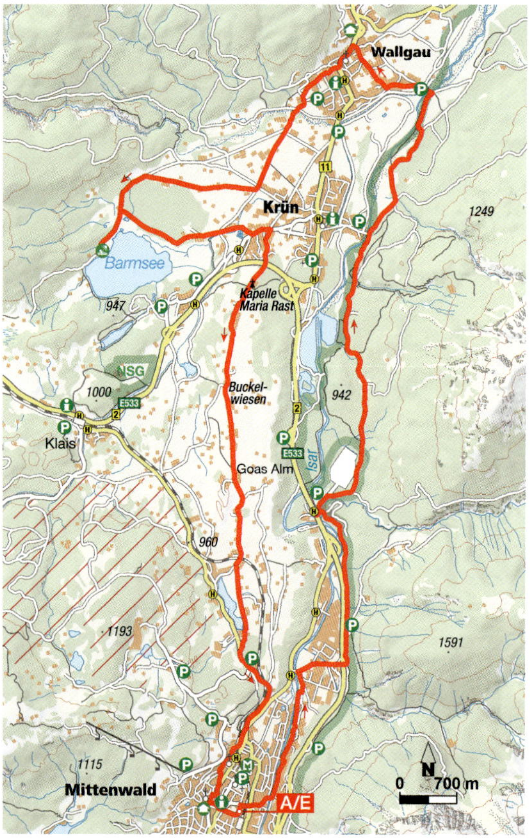

Buckelwiesen und die Geigenbauerstadt Die idyllische Kapelle Maria Rast kommt als Verschnaufpause wie gerufen. Noch haben wir aber nicht alles geschafft. Bis zur Goasalm wird die Hochstraße ihrem Namen gerecht. Nicht steil, aber gemächlich und stetig steigt sie an. Den Kraftaufwand entschädigt die fantastische Sicht über die sanften Buckelwiesen auf die imposanten Bergrücken und Felswände der Alpen. Hier blühen vom Frühjahr bis zum Sommer auf den Matten, wie die Wiesen hier genannt werden, zahlreiche Bergblumen. Die Goasalm bietet sich für eine Einkehr an, dann passieren wir das Hotel Tonihof und rollen schon bergab. An der Wegkreuzung bleiben wir etwas rechts, es geht weiter den Berg hinab. Nach der Eisenbahnunterführung folgen wir dem Schild »Gröblalm« nach links. Wir passieren den Schmalsee und treffen auf eine Autostraße, in die wir links einbiegen. Das letzte Stück folgen wir der Straße bergab. Unten angekommen, radeln wir rechts und haben, erneut nach rechts, durch die Goethestraße Mittenwald wieder erreicht. Auf Höhe der evangelischen Kirche halten wir uns etwas links und fahren über eine kleine Brücke. Von dort führt ein schmaler Pfad nach rechts zur Ortsmitte. Das eigentliche Zentrum von Mittenwald ist der Obermarkt. Ein kleiner Bach läuft mitten durch die Fußgängerzone. Fast wie auf einer italienischen Piazza ist sie Anziehungspunkt für Jung und Alt. Nach der Ortsbesichtigung fahren wir auf der Bahnhofstraße zurück zum Bahnhof.

Europäisches Geigenbauzentrum

Matthias Klotz, dem das Denkmal vor der Kirche gewidmet ist, gilt als Begründer der Mittenwalder Geigenbau-Tradition. Er verließ 1664 mit 11 Jahren seine Heimat, um im fernen Italien und in Tirol das Geigenbauhandwerk zu erlernen. Als er zurückkehrte, brachte er die Kunstfertigkeit anderen Familien bei. Diese Tradition blieb bis heute erhalten. Im Heimatmuseum sind viele Instrumente ausgestellt, und es gibt eine Schauwerkstatt, in der Geigen gebaut werden.

Brotzeit auf der Goasalm

5 Von Mittenwald zur Isarquelle

Abstecher in die Rocky Mountains

mittel | 32 km | 400 m | 3.15 Std.

Tourencharakter
Einfache Tour entlang der Isar, vorwiegend auf ungeteerten, aber gut ausgebauten Forstwegen

Ausgangs-/Endpunkt
Mittenwald, Parkplatz Schwarzenfeld

Geokoordinaten
47.43843, 11.26998

Anfahrt
Bahn: Von München über Garmisch nach Mittenwald. Auto: Autobahn A95 über Garmisch nach Mittenwald. Der Parkplatz unterhalb der Karwendelbahn ist ausgeschildert.

Einkehr
In der Mittenwalder Marktstraße können wir nach der Tour in vielen Lokalitäten einkehren. Ganz am Ende des Hinterautals liegt die Kastenalm, geöffnet Anfang Juni bis Ende September. Hier gibt es nur Getränke, hausgemachte Kuchen und Brotzeiten. Sicherheitshalber packen wir eine Brotzeit und Getränke ein. Rastplätze und Ruhebänke gibt es genügend.

Karte
Kompass Nr. 6 Alpenwelt Karwendel, 1:50000

Information
www.mittenwald.de

Ohne große Anstrengung radeln wir im Hinterautal bis zur Quelle der Isar im Karwendelgebirge. Südlich von München gibt es kaum andere Berggipfel, die bereits vom Tal aus so sehr das Gefühl einer imposanten Bergwelt vermitteln.

Nach Scharnitz Vom Parkplatz bei der Mitttenwalder Karwendelbahn geht es auf der Straße Schwarzenfeld nach Süden. Unmittelbar vor dem Bahnübergang biegen wir links auf den Wiesenweg und folgen nun der Beschilderung nach Scharnitz. Wir radeln neben den Gleisen und zwischen vielen Heuschobern

In Mittenwald geht es los.

hindurch, bis wir kurz vor dem Grenzübergang nach Österreich auf die große Bundesstraße treffen. Auf der Straße fahren wir nach links, und schon sind wir in Österreich. Wir radeln auf der Hauptstraße an den Oldtimer- und Antiquitätengeschäften vorbei, überqueren die Isar und biegen vor der Kirche Maria Hilf links in die Hinterautalstraße ein (Schild »Isartäler«). Nach ein

paar Häusern sind wir schon entlang der Isar unterwegs.

Im Hinterautal führen immer wieder kleine Holzbrücken über die Isar, die sind jedoch nur für Wanderer.

Ganz oben: Die hübsche Mittenwalder Altstadt sehen wir uns nach der Tour an.

Zur Isarquelle Wir folgen einfach immer den Schildern ins Hinterautal. Nachdem wir einen Seitenarm der Isar, den Karwendelbach, überquert haben, steigt die Straße ein Stück etwas steiler an. Aber keine Angst, schon beim Gasthof Wiesenhof haben wir es geschafft. Ab jetzt ist es nicht mehr schlimm. Der Weg bleibt zwar weiter ansteigend, aber zumindest für das Auge scheint er fast eben zu verlaufen. Wir werden später genau auf demselben Weg wieder aus dem Tal hinausradeln, so wissen wir, was auf uns zukommt. Bald schon gelangen wir zu einem herrlichen Aussichtspunkt mit einem Gedenkkreuz, der Gleirschhöhe. Jetzt sind wir weit oberhalb der Isar und blicken in die Isarschlucht hinunter. Gleich danach teilt sich die Straße, wir bleiben links, rechts führt der Weg hinunter zur Gleirschklamm, einem Eldo-

An der jungen Isar werden gerne Steinmännchen errichtet.

rado für Kajakfahrer. Mit herrlichem Ausblick auf das Karwendelgebirge rollen wir hinab zur Isar. Am Fluss stehen viele Steinmännchen, die Radfahrer und Wanderer errichten. Jedes Jahr werden sie durch die Hochwasser der Schneeschmelze zerstört und dann wieder neu aufgerichtet. Wir erreichen den kleinen Alpengarten an den Isarquellen. Schul- und Kindergartenkinder der Gemeinde Scharnitz übernehmen hier viele Projekte und gestalten eifrig mit. So werden zum Beispiel gemeinsam Bäume gepflanzt. Mit dem Motto »Ehre und Achtung dem, der Leben spendet. Wasser ist Leben« ist hier an den Quellen der Isar dem Wasser ein ganzes Areal gewidmet. Immerhin ist die Isar der Hauptfluss Bayerns, der erst im niederbayerischen Plattling in die Donau mündet. Zu Fuß erreichen wir die Quellen, die sich auf mehrere Wasseraustrittsstellen verteilen. Das Wasser strömt glasklar aus den Bergen und sammelt sich zu Bächen, die dann vereint zum vorderen Quellfluss in den großen Lafatscherbach fließen. Erst

Wissenwertes

Der Schutthaufen hinter der Kastenalm sind die Überreste eines ehemaligen Bergwerkes. Vereinzelt treffen wir auf uralte Ahornbäume. Deren Stämme sind oft von Murenabgängen mit Steinen verschüttet. Sie sind jedoch extrem widerstandsfähig und schaffen es trotz der ungünstigen Bedingungen weiter zu wachsen. In Scharnitz können wir noch die Porta Claudia besichtigen. Die Ruinenreste der einstmals so mächtigen Befestigungsanlage sind frei zugänglich.

ab hier heißt der Fluss, der uns begleitet hat, Isar. Nun ist es nicht mehr weit bis zur Kastenalm, die am Ende des Tales auf einem Almboden liegt.

Endlich sind die Quellen erreicht!

Über den Riedboden Nach der Einkehr geht es auf demselben Weg, diesmal ohne große Anstrengung, bis Scharnitz zurück. Für den Rückweg wählen wir vor dem Grenzübergang den Weg links über die hölzerne Isarbrücke und radeln über den Riedboden am linken Ufer der Isar nach Mittenwald zurück.

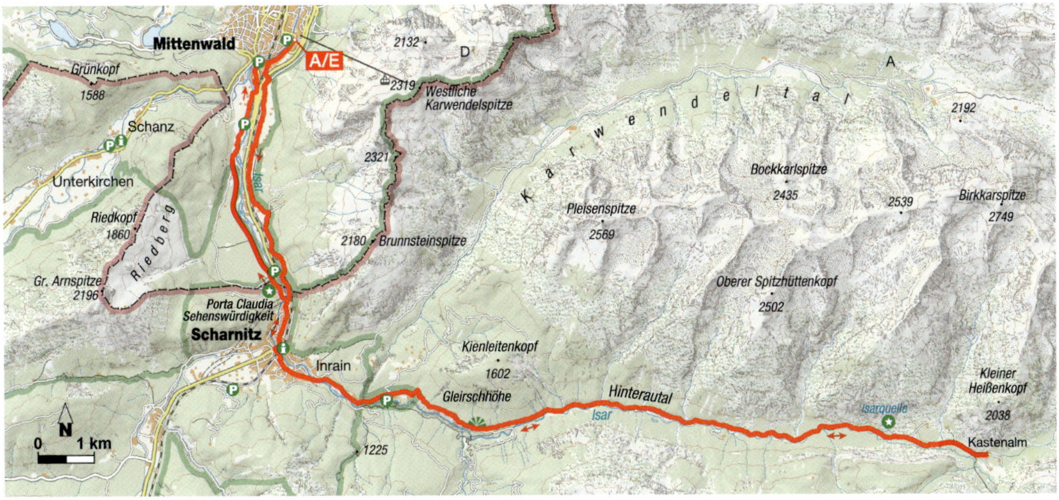

6 Ins Murnauer Moos

Blaue Iris und lila Knabenkraut

mittel | 27 km | 80 m | 3 Std.

Tourencharakter
Flache, ruhige Rundstrecke, vorwiegend auf Feld- und Radwegen. Im Sommer sehr heiß, es gibt wenig Schatten. Beste Blütezeit für die geschützte Blaue Iris Ende Mai/Anfang Juni

Ausgangs-/Endpunkt
Murnau, Ramsachkirchlein

Geokoordinaten
47.6657, 11.1856

Anfahrt
Bahn: Von München Richtung Garmisch, an der Haltestelle Murnau aussteigen, durch Murnau radeln. Das Ramsachkirchlein liegt südlich des Ortes in der Nähe des großen Hotels Alpenhof. Auto: Auf der A95 nach Murnau, in Murnau Richtung Ohlstadt, am Ortsausgang von Murnau rechts. Der Wanderparkplatz liegt etwas vor dem Kirchlein.

Einkehr
Direkt am Startplatz: Restaurant Zum Ähndl mit Spielplatz; Grafenaschau: Café Habersetzer; im Ortszentrum von Murnau große Auswahl, siehe auch Tour 7

Karte
Kompass Nr. 7 Murnau, Kochel, 1:50 000

Information
www.murnau.de

Das Murnauer Moos ist das größte zusammenhängende Moorgebiet Mitteleuropas, ein Naturjuwel von hervorragender Schönheit. Besonders im Frühsommer schimmern die Moorwiesen blau und lila. Iris und Knabenkrautgewächse zaubern diese Farbenpracht.

Moosrundweg Vom Parkplatz bei der Ramsachkirche radeln wir zuerst auf dem Moosrundweg Nr. 5 über die kleine Brücke, der Weg wendet sich nach rechts. Immer dem Hauptweg folgend geht es nun durch das Moor. Im Süden blicken wir auf das Estergebirge, das Wetterstein und die Berge um das Ettaler Mandl. Einige wenige knorrige Bäume trotzen dem sauren Moorboden, und wir freuen uns über die plätschernde Ramsach, die später zum Lindenbach wird. Das Gewässer begleitet uns treu. Vorbei an einem kleinen Moorsee erreichen wir eine Autostraße, der wir

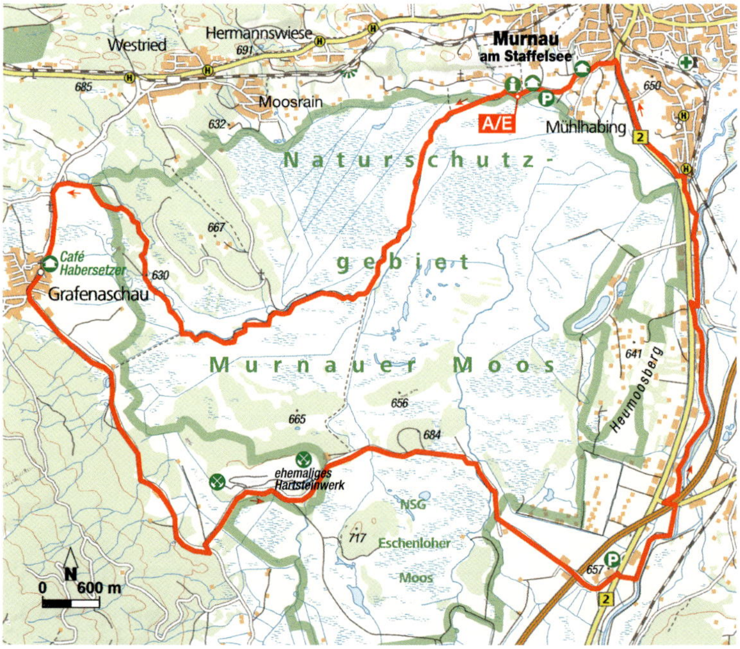

nach links folgen. So sind wir schnell in Grafenaschau, wo uns die Terrasse des Cafés Habersetzer zu einer Pause verführt.

Am kleinen Ramsachkirchlein beginnt die Radrunde.

Ganz oben: Viele interessante Infotafeln säumen den Weg.

Am Fuße der Ammergauer Berge Nach der Pause setzen wir einfach unsere Fahrt durch Grafenaschau fort und folgen zunächst der Beschilderung nach Eschenlohe. Auffällig ist die freie Fläche am Berghang vor unserer Nase. 2015 gab es nach einem Hochwasser hier einen verheerenden Erdrutsch. Seitdem ist gerade nach Regen der Hang immer noch in Bewegung. Das liegt an seinem besonderen Untergrund, der aus Flysch besteht. Das Wasser verwandelt ihn in einen flüssigen Brei, der schließlich alles mitreißt, was ihm in die Quere kommt. Unser Weg führt nun mal mehr und mal weniger nah am Fuße der Am-

Entspannt auf dem Weg entlang der Loisach

Rechts: Die hochgiftige Herbstzeitlose blüht als Letzte im Jahresreigen der Blüten im Moos.

mergauer Alpen entlang und verlangt von uns ein stetiges Auf und Ab. Dann müssen wir ein wenig aufpassen.

Zum Langen Köchel Etwa drei Kilometer nach Grafenaschau verlassen wir die kleine Asphaltstraße nach links auf einen Feldweg. Die Stelle ist nicht beschildert, aber es ist eigentlich der einzige etwas größere Feldweg, der hier abzweigt. Er führt fast schnurgerade auf den Langen Köchel mit seinem aufgelassenen Hartsteinwerk und den Abraumhalden zu. Diese steinernen Köchel, die aus dem Moor herausragen, sind eine Besonderheit. Sie entstanden in der Kreidezeit und bestehen aus dem extrem harten Stein Glaukoquarzit. Abgebaut wurden die Köchel im Werdenfelser Hartsteinwerk. Das führte viele Jahre lang zu starken Kontroversen zwischen Naturschützern und der Industrie, bis im Jahr 2000 der Abbau eingestellt wurde. Heute ist es ein Geheimtipp, den man sich nicht entgehen lassen sollte. Im einstigen

Steinbruch hat sich das Grundwasser gesammelt, und so finden wir hier einen idyllischen, fast schon mystischen See, der von steilen Felswänden umrahmt wird. Um die Stelle zu erkunden, stellen wir die Räder am besten kurz ab.

Retour Vom langen Köchel radeln wir einfach in Fahrtrichtung weiter, der Hauptweg gibt die Strecke vor. Langsam verlassen wir das Moos und überqueren beim Gutshof Weghaus die Autobahn. Gleich danach halten wir uns links und stoßen auf die leider stark befahrene Bundesstraße. Auch wenn das nun kein offizieller Radweg ist, queren wir die Straße geradeaus und folgen dem Pfad, den vor uns schon mehr Menschen gewählt haben, über eine Wiese zum Radweg. Falls der Bauer irgendwann kein Einsehen mit uns Freizeitsportlern mehr hat und die Wiese sperrt, müssten wir auf der Straße rechts entlang. Gleich am Gewerbegebiet Eschenlohe ginge es dann links auf den Loisachradweg. Jetzt geben die Loisach und der Radweg unseren weiteren Streckenverlauf vor. Bei Ohlstadt fahren wir in einem Links-rechts-Knick dem Radwegschild »Murnau« folgend unter der Autobahn durch. Bei Hechendorf haben wir schon wieder einen Ortsteil von Murnau erreicht. Hier halten wir uns links, es geht leicht aufwärts. Nach der Tankstelle biegen wir links in die Ramsachstraße ein, passieren das Hotel Alpenhof und sind wieder an unserem Ausgangspunkt, dem Ramsachkirchlein, angelangt.

Murnauer Moos

Seit 1980 steht das Murnauer Moor unter Naturschutz, es ist Heimat zahlreicher vom Aussterben bedrohter Pflanzen und Tierarten. Mehr als 800 Pflanzenarten wurden gezählt, über 150 davon stehen auf der Roten Liste. Geschützt vor Menschen leben im Moor vor allem Wiesenbrüter. Wachtelkönig, Karmingimpel oder Großer Brachvogel kann man mit einem Fernglas und etwas Geduld auf den Moorwiesen entdecken.

Murnau Außer den kunsthistorisch bedeutenden Kirchen und dem Schloss aus dem 15. bis 16. Jh. besitzt Murnau eine überaus hübsche, in eine Fußgängerzone umgewandelte Marktstraße. Der Architekt Emanuel von Seidl gestaltete um 1910 die nach mehreren Bränden völlig zerstörte Innenstadt neu. Dekorative Bürgerhäuser, stattliche Gasthöfe und das neugotische Rathaus mit dem Porträt des Kaisers Ludwig der Bayer säumen sie. Hier lässt sich wunderbar einkehren, Kaffee trinken oder ein Eis essen.

7 Rund um den Staffelsee

Blaue Seen, blaue Berge, Blauer Reiter

leicht | 19 km | 70 m | 2 Std.

Tourencharakter
Rundtour auf sonnigen, meist ungeteerten Radwegen, die streckenweise mitten durch das schattenlose Moor führen. Etwas Straßenverkehr in den Ortschaften. Badesachen nicht vergessen!

Ausgangs-/Endpunkt
Murnau, Bahnhof

Geokoordinaten
47.4826, 11.1927

Anfahrt
Bahn: Von München Richtung Garmisch, Haltestelle Murnau. Auto: Auf der A95 nach Murnau. Parkplätze direkt am Bahnhof

Einkehr
Uffing: Das Strandcafé Alpenblick liegt direkt an der Strecke und hat einen sonnigen Biergarten. Murnau: In der Marktstraße gibt es jede Menge für Leib und Magen: von der italienischen Eisdiele, der kultigen Lounge, dem traditionellen Wirtshaus bis zum klassischen Kaffeehaus, z. B. dem Griesbräu, Obermarkt 37, mit Schaubrauerei und Erlebnisgastronomie.

Karte
Kompass Nr. 179 Pfaffenwinkel, 1:50000

Information
www.murnau.de

Im Frühjahr, wenn das Moor blüht und noch nicht zu viele Badegäste unterwegs sind, ist diese Radtour besonders schön. Künstler aus der ganzen Welt fühlen sich von der Landschaft angezogen, wie schon vor 100 Jahren Gabriele Münter und Wassily Kandinsky.

Zum Staffelsee Vom Parkplatz vor dem Bahnhof von Murnau radeln wir in südlicher Richtung an der Bahnstation vorbei und folgen dem Schild »Staffelsee« zuerst parallel zu den Gleisen und dann rechts durch die Bahnunterführung bergab. Vorsicht, der Weg ist steil, und wenn Fußgänger unterwegs sind, ist oft Schieben angebracht. Unten angekommen, wenden wir uns nach links, passieren die Schiffsanlegestelle sowie einen Kiosk und radeln auf dem Seewaldweg immer in Ufernähe am See entlang. Unsere Straße wird rasch zum ungeteerten, autofreien

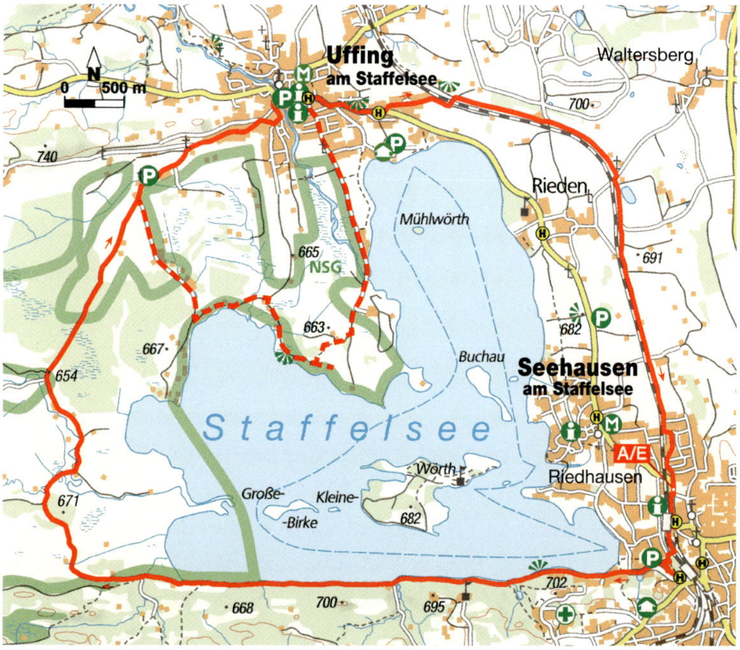

Quirlig und lebendig präsentiert sich der Murnauer Obermarkt mit seinen Straßencafés.

Weg, der uns herrlich ruhig am Seeufer entlangführt. Wir passieren die Insel Wörth und die zwei kleinen Inseln Große und Kleine Birke. Insgesamt gibt es sieben Inseln im Staffelsee. Dabei ist die Insel Wörth die größte und geschichtsträchtigste. Bei Ausgrabungen fand man Relikte aus der Bronze- und Keltenzeit. Selbst den Römern gefiel der See, vielleicht nicht so sehr wegen der lieblichen Landschaft, sondern eher aus strategischen Gründen: Auf der Insel Wörth bauten sie eine Befestigungsanlage. Um 740 entstand darauf ein Kloster, das sich 400 Jahre später wieder auflöste. Die Klosterkirche war bis ins 18. Jahrhundert Pfarrkirche von Seehausen.

Durch das Moor Wir radeln das ganze Südufer entlang, bis wir im Feuchtbiotop des Obernacher Mooses das Ufer verlassen. Im Frühjahr blühen die Moorwiesen üppig mit lila Knabenkraut, Sumpfdotterblumen, Blauer Iris und Schlangen-Knöterich. Dazwischen steht immer wieder das weiße, duftige Wollgras. Im Spätsommer wuchern Blutweiderich und Mädesüß hüfthoch.

Uffing im Frühjahr

An wolkenlosen Tagen kann es hier schnell warm werden, der dunkle Moorboden speichert die Wärme, und das eher spärlich wachsende Moorgebüsch spendet keinen Schatten. Wir überqueren einen kleinen Bach und die Ach mit ihren dunklen Mooraugen. Unmittelbar dahinter halten wir uns links. Unser Radweg wird wieder zu einer geteerten Straße, auf der wir den Schildern »Seerundweg« folgen. Bei einer Hinweistafel über das Moor führt rechts ein Weg in spitzem Winkel zurück. Hier müssen wir uns entscheiden:

Varianten An dieser Stelle bietet sich für Moorenthusiasten und Badefreaks ein lohnender Umweg von ca. 4,5 Kilometern Länge an. Achtung, teilweise handelt es sich um eine Schiebestrecke, denn für ca. 800 Meter ist es ein reiner Fußgängerweg! Wer darauf Lust hat, biegt hier scharf nach rechts ab und erreicht auf der Straße wieder das Staffelseeufer. Dort geht es dann links am Ufer entlang. Der (Fußgänger-)Weg führt über wunderschöne, federnde Moorwiesen und klapprige Holzstege zu einem idyllisch gelegenen Badeplatz. Dahinter erreichen wir wieder eine Straße, der wir am Campingplatz, dem Segelclub und dem Uffinger Gemeindebad vorbei nach Uffing zur Hauptstraße folgen.

Am Staffelsee

Die kürzere Strecke führt uns an der oben erwähnten Weggabelung einfach geradeaus weiter, und nach 800 Metern erreichen wir das Ortsschild von Uffing. Wir radeln in den Ort hinein, halten uns in der Sonnensteinstraße rechts und folgen an der T-Kreuzung links der Vorfahrtsstraße. An der nächsten Hauptstraße überqueren wir nach rechts den kleinen Fluss Ach und strampeln etwas bergauf (dort treffen die Wegvarianten wieder zusammen). Schließlich biegen wir von der Hauptstraße links in die Galveigenstraße und folgen den Radwegschildern nach Murnau. Auf dem Bahndamm geht es flott dahin, rechts von uns verlaufen die Schienen. Wir überqueren mehrere Straßen und erreichen weiter geradeaus die Neubausiedlung von Seehausen. Immer in Bahnnähe fahren wir durch die Römerstraße. An deren Ende überqueren wir nur noch die große Hauptstraße und stehen nach ca. 18,5 Kilometern wieder auf dem Bahnhofsvorplatz von Murnau.

Schifffahrt

Im Sommer verkehrt viermal täglich ein Schiff auf dem See und legt an drei Stellen an. Aus dieser Seeperspektive wird schnell klar, warum viele die Gegend um den Staffelsee als das Skandinavien Bayerns bezeichnen.

8 Über Wessobrunn nach Raisting

Im Herzen des Pfaffenwinkels

mittel | 34 km | 300 m | 3.15 Std.

Tourencharakter
Radweg überwiegend auf land- und forstwirtschaftlich genutzten Straßen oder Fahrradwegen. Eine anstrengendere Auffahrt nach Wessobrunn steht bevor. Ansonsten ist die Strecke fast eben.

Ausgangs-/Endpunkt
Weilheim, Hochlandhalle

Geokoordinaten
47.8432, 11.1355

Anfahrt
Bahn: Mit dem Zug nach Weilheim, von dort durch die Bahnhofstraße und die Bahnhofgasse zur Schützenstraße und dieser nach rechts über die Ammer folgen. Auto: Von München über Starnberg auf der B 2 nach Weilheim; vor dem Ortszentrum rechts über die Ammer zum Startplatz

Einkehr
Wessobrunn: Gasthof zur Post, ein Traditionsgasthaus an der Hauptstraße. Direkt an der Strecke liegt bei Stillern der wunderschöne Biergarten Grenzbach. Raisting: Gasthaus zur Post in der Ortsmitte

Karte
Kompass Nr. 180 Starnberger See, Ammersee, 1:50 000

Information
www.raisting.de, www.weilheim.de

Im Herzen des Pfaffenwinkels verläuft die Radtour über das Naturdenkmal Eibenwald zum kulturell und historisch bedeutenden Kloster Wessobrunn. Kombiniert mit einem Biergartenbesuch und einem Stadtbummel durch Weilheim ist das eine runde Sache.

Zum Eibenwald

Von der Weilheimer Hochlandhalle fahren wir zur nahe gelegenen Ammerbrücke, bleiben jedoch auf der westlichen Seite und radeln flussaufwärts. Wir verlassen Weilheim, die Ammer begleitet uns bis zur Bahnlinie, der wir nach rechts folgen. Alle weiteren Abzweigungen ignorierend, halten wir uns immer geradeaus, anfangs bergauf, bis wir nach insgesamt fünf Kilometern Kugelsbühl erreichen. Hier biegen wir rechts ab und gleiten gemächlich durch den Oderdinger Wald bergab. Bald haben wir freie Sicht auf den Hohenpeißenberg mit seiner

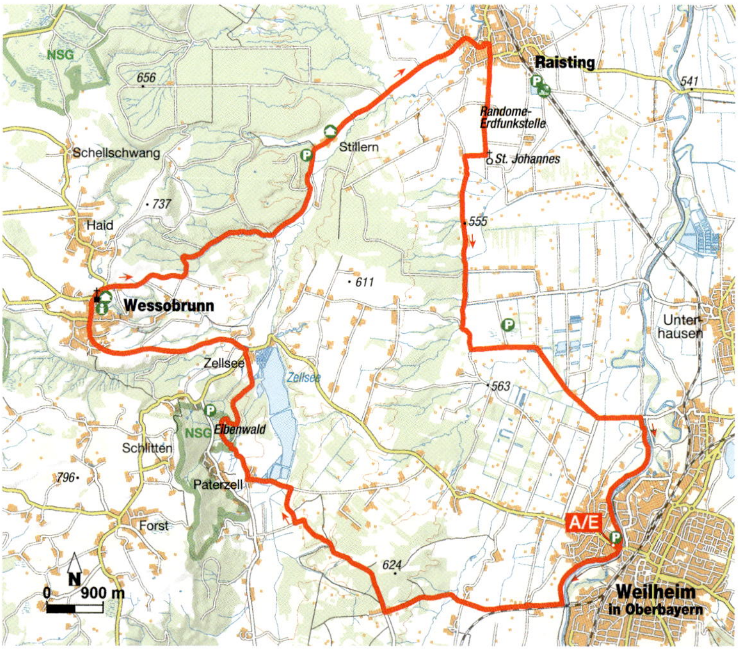

Herrliche Wege entlang der Ammer

Wallfahrtskirche und den Sendemasten. Vor dem in der Talsohle liegenden Segelflugplatz führt uns rechts ein Radwegschild über den Pferdehof Moosmühle zum Naturschutzgebiet Eibenwald bei Paterzell. Um die geheimnisvollen Bäume zu bewundern, halten wir uns rechts und folgen dem Radwegschild »Wessobrunn« auf den Eibenpfad. Der Rundweg durch den Wald beginnt gleich auf der linken Seite. Am besten schieben wir unsere Räder durch das wurzelige und von schmalen Bächen durchzogene Gelände. Der Pfad mündet wieder in die Forststraße, der wir weiter nach links folgen. So erreichen wir über den Zellsee und den gleichnamigen Weiler nach rechts die Bundesstraße. Hier folgen wir links den Schildern nach Wessobrunn.

Schweißtreibend bergauf Nun steht der Härtetest bevor. Die Straße steigt drei Kilometer bergan, zum Glück nicht zu steil, dafür aber stetig. Die Mühe lohnt sich. Während der Verschnaufpausen dürfen wir uns umdrehen und die Aussicht genießen. Ein Vorgeschmack darauf, was uns am Kloster, dem höchsten

Punkt der Tour, erwartet. Dazu fahren wir in weitem Bogen auf Wessobrunn zu und durchqueren den Ort auf der Hauptstraße. Am Gasthof zur Post wendet sich die Straße nach links. Wir jedoch biegen rechts in den Klosterhof ein.

Wessobrunn und seine Sehenswürdigkeiten Zur Besichtigung stellen wir die Räder ab und begeben uns auf geschichtsträchtigen Boden. Das Kloster wurde der Legende nach vom letzten Agilolfinger Herzog Tassilo III. 753 gegründet. Der Herzog soll während einer Jagd im nahe gelegenen Wald eine Nacht verbracht haben. Dabei träumte er auf wundersame Weise von sprudelnden Quellen, die von Heiligen umringt waren. Natürlich ließ er am nächsten Tag danach suchen und wurde fündig. Er verstand dies alles als göttliche Fügung und gelobte, ein Kloster bei den Quellen zu errichten. So wurde das Kloster im 8. Jahrhundert erbaut, wobei von den ursprünglichen Gebäudeteilen durch die wechselvolle Geschichte nicht viel übrig geblieben ist. Die Quellen, heute barock gefasst, gibt es noch immer, wir finden sie hinter der Pfarrkirche St. Johannes am Fuße des Berghanges. Auffallend ist der »Graue Herzog«, der frei stehende romanische Campanile, der ursprünglich zur Klosterkirche gehörte. Diese stand auf dem freien Platz neben dem Turm, wurde aber während der Säkularisation dem Erdboden gleich gemacht. Daneben steht die barocke Pfarrkirche. Innen zeigt ein spätromanisches Kruzifix die frühe Schnitzkunst, in der sich bereits die typische Steifheit des Körpers zu wandeln beginnt. Es ist der klägliche Rest der einstmals an Kunstschätzen reichen Klosterkirche. In den Klosterräumen selbst überrascht vor allem der Fürstentrakt. Über und über sind die Säle mit reichem, farbigem Stuck von Johann Schmutzer verziert worden. Wessobrunn brachte eine eigene Stuckatoren-Schule hervor, die im barocken Zeitalter in vielen bayerischen Kirchen aufsehenerregende Werke schuf. Sehenswert ist noch die 1000-jährige Tassilolinde, ein bedeutendes Naturdenkmal, das unterhalb der Klosteranlage steht. Unter deren Blätterdach soll Tassilo die

Klosterbesichtigung

Der Fürstentrakt im Wessobrunner Kloster lässt sich nur bei einer Führung besichtigen: von Januar bis März Freitag, Samstag, Sonn- und Feiertag 15 Uhr, von April bis Dezember zusätzlich Mittwoch und Donnerstag 15 Uhr sowie von Mai bis Dezember zusätzlich Sonn- und Feiertag 14 Uhr; www.pfarrei-wessobrunn.de.

Nacht verbracht haben – eine gern erzählte Geschichte, die sich beim schnellen Nachrechnen der historischen Daten wohl nicht belegen lässt.

Zur Erdfunkstelle Nach der Klosterbesichtigung machen wir uns nun auf die Rückfahrt. Dafür radeln wir auf der Straße oberhalb der Kirche weiter. Mit herrlicher Sicht über das Ammermoor und die Alpen geht es flott auf dem König-Ludwig-Weg bergab. Noch im Schwung dürfen wir die Abzweigung links auf den ungeteerten Weg (Radwegschild) nicht übersehen. Immer weiter abwärts geht es mühelos durch den Stiller Wald, wobei wir uns stets links halten und der Beschilderung nach Raisting folgen. Ab dem Biergarten Stillern ist der Weg wieder geteert. Neben uns plätschert nun das Bächlein Rott mit seinen silbrig glänzenden Weiden. In Raisting radeln wir zur Kirche an der Hauptstraße, in die wir rechts einbiegen. An ihrem Ende folgen wir nicht der Vorfahrtstraße, sondern bleiben geradeaus auf dem Mitterweg. Auf den freien Feldern passieren wir nun die riesigen Satellitenschüsseln der Erdfunkstation. Mit einem Abstecher finden wir am südlichen Dorfende von Raisting in der Nähe der Erdfunkstellen einen Badeweiher.

Kloster Wessobrunn

Ganz oben: Die Parabolantennen bei Raisting sind imposant.

Zurück nach Weilheim Ein Stück vor dem Wallfahrtskirchlein St. Johann biegen wir rechts ab und radeln gleich darauf links auf den größeren Radweg. Er wird zu einem schmalen Pfad, der dann wieder breiter wird. Wir bleiben zunächst geradeaus, bis uns die Radwegschilder »Weilheim« rechts direkt zur Ammer führen. Hier geht es auf dem Damm den letzten Kilometer zum Ausgangspunkt zurück.

9 Über Andechs nach Tutzing

Aussichten, ein Bierberg und eine Schlucht

schwer | 49 km | 500 m | 4.15 Std.

Tourencharakter
Meist auf Rad- oder Wanderwegen und einigen Nebenstraßen verläuft diese leicht hügelige Tour zwischen den zwei Seen. Es gibt jedoch keine langen, schweren Steigungen. Bademöglichkeiten im Maisinger und Starnberger See. Abkürzung in Tutzing mit der S-Bahn möglich (spart 14 km)

Ausgangs-/Endpunkt
Starnberg, Bahnhof

Geokoordinaten
47.99632, 11.34285

Anfahrt
Bahn: Mit der S-Bahn nach Starnberg. Auto: Auf der A952 nach Starnberg. Östlich des Bahnhofes gibt es ein paar Park & Ride-Parkplätze.

Einkehr
Tolle Picknickplätze liegen am Weg. Bräustüberl Kloster Andechs (kein Ruhetag, 10–20 Uhr), Gasthof Ludwig in Maising (Di/Mi Ruhetag), Maisinger Seehof (Ostern bis Oktober geöffnet, Mo Ruhetag), Café Merano am Gut Kerschlach (Mo/Di Ruhetag)

Karte
Kompass 184/1 München und Umgebung, 1:50 000

Information
www.sta5.de

Eine aussichtsreiche Strecke verläuft über Moränenhügel zwischen Ammersee und Starnberger See. Eines unserer Ziele ist das Kloster Andechs, durch seine Brauerei ein Inbegriff der bayerischen Gemütlichkeit. Aber auch idyllische Picknickstellen liegen am Weg.

Durch die Maisinger Schlucht Vom Starnberger Bahnhof wenden wir uns, den See im Rücken, nach links und folgen der Bahnhofstraße leicht bergauf über die große Kreuzung in die Söckinger Straße. Dieser folgen wir ein Stück und biegen dann links in die Maisinger-Schlucht-Straße ein. Herrlich beginnt die Radtour mit einer Durchquerung der Maisinger Schlucht. Wir radeln entlang des grummelnden Maisinger Baches über Stege von einem ans andere Ufer. Der Weg ist auch ein beliebter Wanderpfad, sodass wir immer mit Fußgängern rechnen müssen. Die Schlucht

Maisinger See

ist natürlich nicht so dramatisch wie eine Klamm im Gebirge, trotzdem hat sich hier der Bach tief in die Nagelfluhschichten hineingefressen. Die Felsen, die links und rechts anstehen, sehen aus wie grober Beton mit eingelagerten Steinen. Sie entstanden aus den Moränenhügeln, die während der letzten Eiszeit durch den Druck des darüberliegenden Eises zu einer Art Fels gepresst wurden. An ihrem Ende erreichen wir Maising.

Andechs, wir kommen Dort radeln wir links zur Dorfstraße und folgen ihr zum Gasthof Ludwig. Ihm gegenüber führt ein schmaler Weg direkt über die Felder zum Maisinger See mit dem Biergarten des Maisinger Seehofs. Wir fahren mit mehr oder weniger Abstand am Ostufer des Sees entlang und kommen dann über die Felder nach Aschering. An der Kirche finden wir einen Wegweiser Richtung Andechs, dem wir folgen. Jetzt geht es einen Moränenhügel hinauf in den Wald. Wir bleiben immer auf dem deutlich erkennbaren Hauptweg und treffen schließlich auf die Fahrstraße nach Machtlfing. Auf ihr geht es etwa 150 Meter nach links, dann zweigt rechts ein Weg ab, der uns an der Justizvollzugsanstalt Rothenfeld vorbei über die Felder zur großen Autostraße von Starnberg nach Andechs führt. Wir biegen links auf den Radweg ein; nach etwa 250 Metern überqueren wir die Straße und erreichen an der Friedenskapelle den alten Pilgerweg, der uns direkt zum Kloster Andechs bringt. Hier brauchen wir natürlich eine Pause – egal ob für Leib oder Seele …

Kirchenkunst

Der kunsthistorische Höhepunkt ist natürlich das Kloster Andechs mit seiner barocken Wallfahrtskirche. Ihr Turm (man kann ihn übrigens besteigen) ist zu einem Wahrzeichen des Ammersees geworden. Nicht übersehen sollte man aber auch die drei Landkirchen von Aschering, Landstetten und Perchting mit ihren Deckenfresken von Johann Baptist Baader, der es wie kein anderer verstanden hat, die dargestellten Personen fast karikaturhaft in ihrem Ausdruck zu überzeichnen.

Andechs liegt auf einem Hügel.

Nächster Halt: Kerschlach Vom großen Parkplatz aus geht es danach weiter auf der Andechser Straße nach Erling. Am Gasthaus zur Post queren wir die Straße in den Kerschlacher Weg und folgen ihm weiter in südlicher Richtung. Kurz nach der Andechser Molkerei Scheitz teilt sich der Weg. Beide Wege würden nach Kerschlach führen. Wir halten uns links, denn wir wollen uns im kleinen Hofladen, der zur Andechser Molkerei gehört, mit einer leckeren Bio-Brotzeit für ein Picknick eindecken. Ein schönes Rastplätzchen folgt bald nach dem Hofladen. Links des Weges liegt die kleine Stephanskapelle auf einem Hügel. Wer den Hunger noch etwas aushält, wartet ein bisschen, denn es kommt noch besser. Zunächst erreichen wir Machtlfing. Im Ort halten wir uns rechts und fahren in die Pähler Straße, weiter der Beschilderung »Kerschlach« folgend. Im leichten Auf und Ab passieren wir ein paar einsame Höfe, dann radeln wir aus dem Wald. Gleich auf der linken Seite befindet sich der wunderbare Aussichtshügel von Kerschlach. Ein kleiner Pfad führt über die Wiese dorthin. An klaren Tagen liegt die Alpenkette von der Benediktenwand im Tölzer Land über das Karwendel und die Zugspitze bis hin zu den Allgäuer Bergen um den Grünten vor uns. Der beste Platz für eine Brotzeit. Danach geht es hinunter zum Gut Kerschlach, wo wir uns auch in dem netten Café Merano verwöhnen lassen können. Wir verlassen das Gut auf der mit Bäumen gesäumten Straße, die leicht aufwärts führt. Dann queren wir die B 2 geradeaus in den Feldweg und folgen der Beschilderung nach Monatshausen. Wieder treffen wir auf eine kleine geteerte Straße; dieser folgen wir kurz nach rechts und biegen dann links in die Monatshauser Straße ein, nun den Schildern nach Tutzing folgend. Stets in westliche Richtung passieren wir dann an einer alten Allee den Ausläufer der Ilkahöhe. Eine kurze Wanderung führt auf den beliebten Aussichtspunkt. Ansonsten bleiben wir der Straße treu und rollen hinab nach Tutzing. Wer mit der S-Bahn angereist ist, kann hier in den Zug steigen und die Tour beenden. Ansonsten folgen wir der Hauptstraße nach links durch Tutzing. Ab hier gibt

Uferpromenade in Tutzing

nun der Seerundweg den weiteren Verlauf der Strecke vor. Fast immer am Ufer entlang (manchmal muss man das Fahrrad an der Uferpromenade schieben) geht es über Garatshausen in den Feldafinger Schlosspark und weiter nach Possenhofen. Dort verlassen wir den See und radeln nun im leichten Auf und Ab und durch den Wald nach Niederpöcking. Von dort ist es nicht mehr weit zurück nach Starnberg.

10 Durch die Pupplinger Au nach Schäftlarn

Von Wolfratshausen zum Deininger Weiher

mittel | 37 km | 180 m | 3.30 Std.

Tourencharakter
Gemütliche Nachmittagsrunde in den naturbelassenen Auen entlang der Isar mit einem steilen Anstieg und genauso steiler Talfahrt. Viele schöne Einkehrmöglichkeiten

Ausgangs-/Endpunkt
Wolfratshausen, Bahnhof

Geokoordinaten
47.9146, 11.4266

Anfahrt
Bahn: S7 von München bis Wolfratshausen, Endstation. Auto: Auf der A95 bis Ausfahrt Wolfratshausen, durch Wolfratshausen. Parkmöglichkeit entweder am Bahnhof oder gleich am Parkplatz Aujäger an der Isarbrücke

Einkehr
Gasthof Aujäger am Anfang oder Ende der Tour; Schäftlarn: Gasthaus zum Bruckenfischer (Biergarten, Brotzeit kann mitgebracht werden), Klosterbräustüberl (bekanntes Ausflugsziel an der Kirche), Gasthof Gasthaus zur Mühle

Karte
Kompass Nr. 180 Starnberger See, Ammersee, 1:50000

Information
www.wolfratshausen.de, www.abtei-schaeftlarn.de

Zwischen Bad Tölz und Schäftlarn hat man der Isar ein breites Bett gelassen, sodass sich hier die »Isaria« – der keltische Name bedeutet die »Reißende« – zu einer der letzten Wildflusslandschaften renaturieren durfte. Die Pupplinger Au ist ein beliebtes Naturschutzgebiet.

Zu den Isarauen Vom Bahnhof in Wolfratshausen folgen wir dem Radweg nach links entlang der Sauerlacher Straße. Vorbei an Nantwein erreichen wir die Isar, die wir überqueren. Dann

biegen wir links ab und haben unmittelbar hinter dem Gasthaus Aujäger die Isarauen erreicht. An der Weggabelung wählen wir den rechten, am Wochenende für Autos gesperrten Weg. Auf dieser kleinen Teerstraße geht es flott durch den lichten Föhrenwald zur Aumühle am Isarkanal. Wir bleiben in Fahrtrichtung und biegen dann ein gutes Stück später an der Vorfahrtstraße links ein. Direkt nach der Kanalquerung lockt das Gasthaus zum Bruckenfischer mit seinem netten Biergarten. Aber es lohnt sich, zunächst auch noch die Isar zu überqueren, um mit einem Abstecher das Kloster Schäftlarn zu besuchen. Die barocke Klosterkirche St. Di-

onys ist reich geschmückt, im Prälatengarten duftet der Lavendel, und auch das Klosterbräustüberl ist nicht zu verachten. Nach dem Besuch geht es zurück zum Gasthaus zum Bruckenfischer, und dort biegen wir unmittelbar nach der Isarbrücke links in den Wiesenweg. Auf dem Dammweg sind wir bald am Kraftwerk Mühltal, wo wir erneut den Kanal überqueren. Hier steht die längste Floßrutsche Europas, aber auch das Gasthaus zur Mühle, in dem wir nochmals rasten können.

Am Ickinger Stauwehr

Ganz oben: Die Loisach prägt Wolfratshausen.

Linke Seite: Wegkapelle beim Gasthaus zur Mühle

Auf das Isarhochufer Vom Gasthaus zur Mühle fahren wir ein Stück Richtung Süden, biegen jedoch an der Weggabelung mit der Gedächtniskapelle der Flößer weg vom Fluss. Nun dürfen wir nicht aus der Puste kommen, denn es geht bergauf bis Straßlach. In der Ortsmitte an der Hauptstraße, der Tölzer Straße, können wir uns für die Mühen mit einem Stopp im Gasthaus zum Wildpark belohnen. Das Wirtshaus ist schon oft für seine leckere bayerische Schmankerlküche ausgezeichnet worden. Die Wirtsfamilie Roiderer, die während des Münchner Oktoberfestes auch das Hacker-Pschorr-Festzelt betreibt, ist auf die findige Idee des Wohlfühlbiergartens gekommen. Selbst im Herbst sitzt man an kälteren Tagen unter Kastanien und genießt den Luxus einer Biergarten-Fußbodenheizung.

Deininger Weiher Von Straßlach fahren wir auf der Tölzer Straße Richtung Süden. Am Ortsende wenden wir uns links in die Straße Am Straßlacher Feld und erreichen Großdingharting. Am Dorfweiher vorbei geht es weiter geradeaus nach Kleindingharting. In der Ortsmitte folgen wir links der Beschilderung zum Deininger Weiher in die Vorderfeldstraße. Der schöne Moorsee ist gleich an der Gaststätte Waldhaus erreicht. Bereits im Frühsommer lädt er zum Baden ein. Nach der Erfrischung fahren wir auf die östliche Seite des lang gestreckten Weihers. Hier beginnt eine einfache Straße (Schild »Deining«), die uns nach dem Weiher durch ein Moor zu einem Wegedreieck führt. Hier biegen wir rechts ab und durchqueren den Ausläufer des Moores zu einer Straßengabelung. Nun geht es links weiter, wir umrunden einen Wald und kommen auf der Talstraße direkt in den Ort Deining zur Hauptstraße. Beachtenswert sind die als Denkmal geschützten Bauernhäuser, die komplett aus einem Holzblock gesetzt sind. Von der Hauptstraße biegen wir rechts in die Hornsteiner Straße ab. Sie

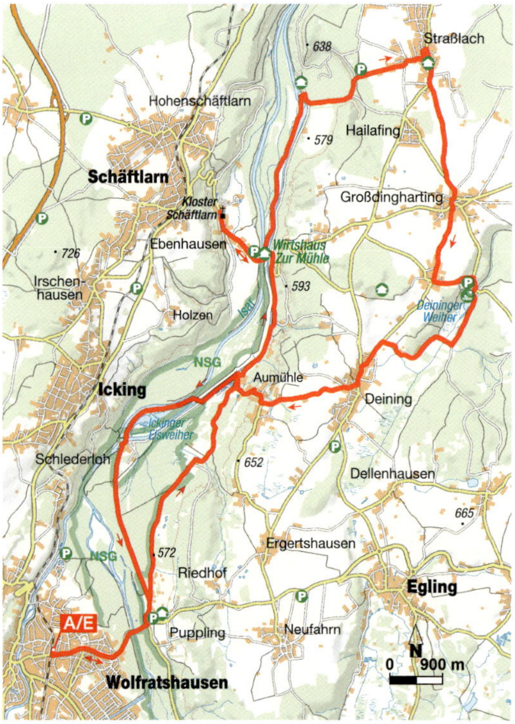

Einkehrmöglichkeiten wie das Gasthaus zum Bruckenfischer bei Schäftlarn gibt es viele.

endet an einer T-Kreuzung in Hornstein. Nun fahren wir nach rechts und gleich wieder links, und dann heißt es bremsen, denn es geht sehr steil abwärts ins Isartal. Im Tal kommen wir wieder zu den Fischaufzuchtbecken in Aumühle.

Einmal im Jahr starten die Flößer mit einer Wallfahrt in Wolfratshausen – eine sehr feierliche und damit ganz andere Floßfahrt als üblicherweise.

Zurück nach Wolfratshausen Damit wir nicht auf demselben Weg zurückkehren, halten wir uns noch einmal minimal nach rechts. Dann überqueren wir nach links auf der Holzbrücke den Isarkanal und biegen unmittelbar dahinter links auf den Isardamm ein. Bald schon lockt der Ickinger Eisweiher zu einem letzten erfrischenden Bad. Am Ende des Weihers überqueren wir den Kanal nach links und folgen dem Sträßchen weiter in Fahrtrichtung durch die Isarauen. Hier treffen wir auf den bekannten Weg, der uns zurück zum Startplatz bringt.

Floßrutsche

Beim Gasthaus zur Mühle kann man im Sommer am späten Vormittag den Flößern zuschauen, wie sie ihre Flöße auf der längsten Floßrutsche Europas abwärts steuern. An einem schmalen Wehr warten sie, bis sich die Schleuse öffnet. Dann sausen die Holzflöße auf einem dünnen Wasserfilm die Gasse hinunter – ein feuchtes, lustiges und quietschlautes Vergnügen.

11 Von Wolfratshausen zum Hoisl-Bräu

Ideal für Faulenzer, Schwimmer und Genießer

schwer | 51 km | 300 m | 4.30 Std.

Tourencharakter
Rundtour, überwiegend auf Dammwegen (Achtung bei Nässe!) und Fahrradwegen und kleinen Nebenstraßen mit wenig Autoverkehr. Nur etwas Stadtverkehr in Wolfratshausen und Penzberg. Kurzer Anstieg in Beuerberg und zum Hoisl-Bräu

Ausgangs-/Endpunkt
Wolfratshausen, Bahnhof

Geokoordinaten
47.9146, 11.4266

Anfahrt
Bahn: S7 von München nach Wolfratshausen, Endstation. Auto: Auf der A95 bis Ausfahrt Wolfratshausen, der Bahnhof ist ausgeschildert. Viele Parkplätze am Bahnhofsgelände

Einkehr
Unterwegs gibt es mehrere Möglichkeiten. Beuerberg: Gasthof zur Mühle. Das Hoisl-Bräu mit toller Aussicht liegt direkt an der Strecke.

Karte
Kompass Nr. 180 Starnberger See, Ammersee, 1:50000

Information
www.wolfratshausen.de

Ideal für Faulenzer: erst ausschlafen, um am späten Vormittag loszuradeln. So kommt man zum Mittagessen zum Hoisl-Bräu. Danach geht es zum Eizenberger Weiher. Dort schwimmt man eine Runde und genehmigt sich dann noch einen Eiskaffee in Penzberg.

Zum Hoisl-Bräu Vom Bahnhof von Wolfratshausen fahren wir auf der Sauerlacher Straße Richtung Stadtmitte. Wir überqueren die Loisachbrücke und finden unmittelbar nach der Brücke einen Uferweg. Diesem folgen wir unter dem Autobahnzubringer hindurch bis zu seinem Ende. An dieser Stelle werden wir übrigens zurückkommen. Wir biegen links ab, überqueren auf der Schepperbrücke die Loisach und biegen dann wenige Meter weiter vor der nächsten Brücke über den Loisachkanal rechts auf einen Weg, der nun lange, über alle Abzweigungen hinweg, stets am Kanal entlangführt. Der Weg endet an einer Straße am Ortsrand von Beuerberg. Hier biegen wir rechts ab, überqueren die Loisach und radeln dann gleich darauf links steil auf der Herrnhauser Straße aufwärts. Oben biegen wir links in die Kuglstadtstraße ab. Gleich darauf sehen wir links über einer Wiese die großen Bauten des alten Klosters. An der Straße Am Pfarranger können wir das Kloster (siehe Tour 12) mit einem Abstecher nach links besuchen, ansonsten überqueren wir den Pfarranger und verlassen das Dorf bei der Freiwilligen Feuerwehr. Parallel zur Staatsstraße sind wir nun wieder auf einem Radweg, wobei wir kurz darauf die Straßenseite wechseln. Wir bleiben ziemlich lange auf dem Radweg bis zur Abzweigung zum ausgeschilderten Hoisl-Bräu. Jetzt geht es rechts kurz aufwärts, aber nach einem halben Kilometer haben wir unser erstes Ziel, das Hoisl-Bräu, erreicht und können uns auf der Terrasse niederlassen. Das Hoisl-Bräu hat bis vor 50 Jahren sein eigenes Bier gebraut. Zur Wirtschaft, die es damals schon gegeben hat, ist noch ein Landhotel dazugekommen. Der weithin bekannte Name ist geblieben. Geblieben ist auch die einmalige Aussicht auf das Vor-

alpenland und auf die Berge. Wir blicken von den Chiemgauer Bergen bis hinüber ins Allgäu, in der Mitte steht massiv und wuchtig die Zugspitze. Ein perfekter Platz für eine Einkehr, denn obendrein ist die Küche sehr gut.

Prächtig bemalter Innenhof im Kloster Beuerberg

Ganz oben: Badefreuden am Eizenberger Weiher

Zur Badepause Nach der Rast geht es zunächst die Straße hinab, die wir von der Terrasse des Gasthauses schon gesehen haben. Im Weiler Oberhof stößt sie auf eine Querstraße. Wir fahren rechts, halten uns an der Straßengabelung links und passieren leicht bergab zwei Fischweiher. Gleich darauf sind wir nach einer Linkskurve beim Eizenberger Weiher, der auf einigen Landkarten auch Alter Weiher genannt wird. Hier haben wir uns ein Mittagsschläfchen verdient. Die Wiese am Badeplatz ist groß genug, und Schatten gibt es auch ausreichend. Abgesehen davon, dass wir danach noch gut in den See zum Schwimmen gehen können.

Die Bahn leitet uns Vom Weiher lotsen uns bereits die Radwegschilder nach Penzberg. Zunächst steuern wir jedoch Iffeldorf an. Dafür folgen wir zuerst unserer Straße weiter, halten uns dann immer leicht rechts und überqueren auf einer Brücke die Autobahn. Abwärts treffen wir am Ortsrand von Iffeldorf auf die Kochler Straße, der wir bis zur großen Kreuzung nach rechts folgen. Wir überqueren Straße und Bahngleise und fahren dann in den Höhenrieder Weg, der unmittelbar nach den Gleisen links beginnt. Dieser bringt uns entlang der Bahn unter der Autobahn durch. Dann kommen wir zu einem Bahnübergang, auf dem wir das Gleis überqueren, um sofort wieder rechts abzubiegen. Der lange, gerade Radweg führt uns durch eine parkähnliche Landschaft am Rande der Bebauung von Penzberg. Dann treffen wir auf eine große Kreuzung, an der wir rechts in die Karlstraße abbiegen. Vorbei am sehr sehenswerten Campendonk-Museum erreichen wir das Zentrum von Penzberg für einen Cappuccino, z. B. in der Eisdiele Il Buon Gelato (Ecke Karlstraße/Bahnhofstraße).

Zurück nach Wolfratshausen Nach dieser Rast folgen wir der Bahnhofstraße nach Norden. In die eher unscheinbare Christkönigkirche können wir einen Blick werfen, zwei ihrer Glasfenster sind berühmte Campendonk-Bilder. Gleich drauf erreichen wir einen Kreisverkehr. Wir wählen die erste Abfahrt nach rechts, die Straße Grube. Sie führt durch ein Gewerbegebiet, und dann erreichen wir einen Waldrand. Hier folgen wir rechts den Radwegschildern in den Zibetholzweg. So kommen wir völlig verkehrsberuhigt nach Untermaxkron. Dort folgen wir der Straße noch kurz nach rechts, nur um an der Pizzeria Italia Antica rechts auf einem Fußgängersteg die Loisach zu überqueren. Auf einem Trampelpfad geht es über das Feld zu der Fahrstraße, die an der Siedlung Hohenbirken vorbeiführt. Ihr folgen wir nach links. Die Feuchtwiesen, die uns gleich darauf umgeben, erfordern den erhöhten Bau der Straße. So passieren wir die Tennisanlage und stoßen auf eine Querstraße. Auf ihr überqueren wir nach links wieder

Die Pfarrkirche St. Andreas überragt die Häuser der Wolfratshauser Altstadt.

die Loisach und die Staatsstraße und folgen dann dem Radweg nach rechts. Bald passieren wir die Abzweigung zum Hoisl-Bräu und erreichen auf dem jetzt bekannten Weg Beuerberg. Diesmal jedoch halten wir uns beim Feuerwehrhaus links und kommen an die Wolfratshauser Straße. Auf der anderen Seite beginnt ein wunderschöner Rad- und Fußweg nach Wolfratshausen. Wir radeln jetzt auf dem Damm der ehemaligen Loisachtalbahn, die einst München über Wolfratshausen und Beuerberg mit Penzberg verbunden hat. Perfekt für uns Faulenzer führt die Strecke fast immer ganz leicht bergab. Das Gefälle ist sehr gering, aber dennoch merken wir, wie leicht sich unser Rad plötzlich treten lässt. Wir passieren Eurasburg, dann wechselt unser Radweg auf die andere Straßenseite. Nach einer Weile passieren wir Achmühle, und schließlich treffen wir auf die bekannte Stelle vom Hinweg. Nun geht es auf demselben Weg zurück zum Ausgangspunkt, dem Bahnhof von Wolfratshausen.

Sammlung Campendonk

Ein besonderes Highlight ist das Museum Penzberg mit der größten Sammlung Campendonk weltweit (geöffnet ganzjährig Dienstag bis Sonntag und an Feiertagen von 10 bis 17 Uhr). Campendonk, der von 1889 bis 1957 lebte, gehörte zu der Gruppe »Blauer Reiter« um Wassily Kandinsky und Franz Marc und malte als Erster Bilder zum Thema Bergarbeiterstadt Penzberg.

12 Von Wolfratshausen nach Beuerberg

Alm ohne Berg, Kloster ohne Nonnen

mittel	31 km	100 m	3 Std.

Tourencharakter
Radrundtour, überwiegend auf Dammwegen und kleinen Nebenstraßen mit wenig Autoverkehr. Kurzer Anstieg bei der Überfahrt vom Loisach- ins Isartal

Ausgangs-/Endpunkt
Wolfratshausen, Bahnhof

Geokoordinaten
47.9146, 11.4266

Anfahrt
Bahn: S7 von München nach Wolfratshausen, Endstation. Auto: Auf der A95 bis Ausfahrt Wolfratshausen, der Bahnhof ist ausgeschildert. Viele Parkplätze am Bahnhofsgelände

Einkehr
Wolfratshausen: In der Marktstraße gibt es mehrere Möglichkeiten. Beuerberg: Gasthof zur Mühle. Die Königsdorfer Alm bei Geretsried liegt direkt an der Strecke.

Karte
Kompass Nr. 180 Starnberger See, Ammersee, 1:50000

Information
www.wolfratshausen.de, www.tourismus-eurasburg.de

Auf ruhigen Wegen radeln wir durch das Alpenvorland, die Isarauen, die Stadt Geretsried, über Moränenhügel, durch Wälder und Felder zum Klosterdorf Beuerberg. Dort bewundern wir die beiden Kirchen und kehren am Loisachkanal nach Wolfratshausen zurück.

Entlang der Isar Vom Wolfratshauser Bahnhof starten wir an der Bahnschranke und radeln über die Gleise in die Sauerlacher Straße. Der Fußweg auf der linken Straßenseite ist gleichzeitig der Radweg. Wir passieren die Nantweiner Kirche, halten uns kurz vor der Brücke über die Isar links zum Floßgelände, radeln unter der Brücke durch auf die andere Straßenseite und folgen nun dem Radweg nach Geretsried, dem Fernradweg Bavarica Tyrolensis. Einsam geht es durch die Isarauen zur Mündung des Loisachkanals in die Isar. Zunächst wendet sich unser Weg nach rechts, wir folgen damit dem Lauf des Kanals und überqueren ihn dann an einem Wehr. Auf der anderen Seite radeln wir geradeaus weiter, sind aber jetzt etwas von der Isar entfernt. Rechts von uns liegt der Wolfratshauser Ortsteil Waldram mit seinen Sportplätzen. Wieder geht es durch einen Föhrenwald, wir bleiben dem Radweg Bavarica Tyrolensis treu. Links von uns liegt das große Naturschutzgebiet Pupplinger Au, durch das viele kleine Trampelpfade zur Isar führen.

Geretsried In Geretsried treffen wir wieder auf Zivilisation, auf die Straße Isardamm. Im Dritten Reich stand an der Stelle der heutigen Ortschaft Geretsried eine riesige Munitionsfabrik, wohlgetarnt unter den Bäumen der Isarauen. Auffällige Zaunpfosten erinnern an die einstige Grenze zu dem alten Fabrikgelände. Ähnliche Relikte, zum Beispiel alte Betonplatten mit eingelassenen Gleisschienen als Straßenbelag oder Mauerreste alter Bunkeranlagen, findet man an vielen Stellen der Stadt. Wir kommen zur Isardammschule und folgen dem Linksknick der Straße. Immer am Waldrand entlang passieren wir das Eisstadion und

Geranien schmücken im Spätsommer den Balkon an einem Bauernhof in Oberherrenhausen.

biegen dann links in die St.-Hubertus-Straße ein. Sie endet in der großen Adalbert-Stifter-Straße, die wir geradeaus überqueren. Am Ende der Sackgasse beginnt ein Radweg, dem wir etwas nach links folgen. Durch eine Unterführung queren wir die Staatsstraße und dann die Tattenkofener Straße. Wir befinden uns nun in der Johann-Sebastian-Bach-Straße und biegen von ihr rechts in den Robert-Schumann-Weg ein. Dieser endet an einer Wendeschleife, aber hier beginnt ein langer Radweg, der uns durch den lichten Wald führt, wobei wir einmal die Richard-Wagner-Straße queren.

Der Loisachkanal eignet sich hervorragend für eine spontane Erfrischung.

Königsdorfer Alm und Bibisee Am Geretsrieder Ortsteil Stein vorbei erreichen wir eine Almlandschaft, in der die Königsdorfer Alm liegt. Sie wird von Mai bis September an Wochenenden und an Feiertagen von vielen Ausflüglern besucht. Meist unterhalten nachmittags heimische Volksmusikgruppen die zahlreichen Gäste. Es lohnt sich, hier einzukehren. Nach der Königsdorfer Alm biegen wir rechts ab, radeln an einem Baggersee vorbei und queren die B 11 durch eine Unterführung. Jetzt sind wir am Freizeitgelände Bibisee. Wir radeln noch vor dem Gasthaus Bibisee rechts in die Straße Zum Lindenrain. An ihrem Ende ist der beste Platz, um auf unserer Tour eine Runde zu schwimmen.

Das Kloster ohne Nonnen Nach dem Bad fahren wir die paar Meter zur Straße Zum Lindenrain zurück, wo wir zum Badeplatz abgebogen sind. Nun folgen wir nach links dem Radwegschild »Beuerberg«. Wir passieren das Gut Babenstuben und kreuzen dann eine Vorfahrtsstraße. Hier bleiben wir auf dem geteerten Weg geradeaus und kommen im leichten Auf und Ab nach Oberherrenhausen. In die Hauptstraße biegen wir links ein und rollen hinunter zu den Loisachbrücken von Beuerberg. Zwischen den beiden Brücken beginnt später unser Rückweg. Zunächst aber radeln oder schieben wir zum Kloster Beuerberg hinauf, denn wir wollen ja die Klosterkirche und die ehemalige Pfarrkirche am Friedhof besuchen. In dem Kloster lebten bis 2014 Salesianerinnen. Zurzeit hat die Erzdiözese München und Freising das Kloster in ein interessantes Museum umgewandelt und nützt die Räume für Ausstellungen rund um das Thema Klosterleben. Zurück an der Loisach können wir noch am Loisachweg im Gasthaus zur Mühle Einkehr halten.

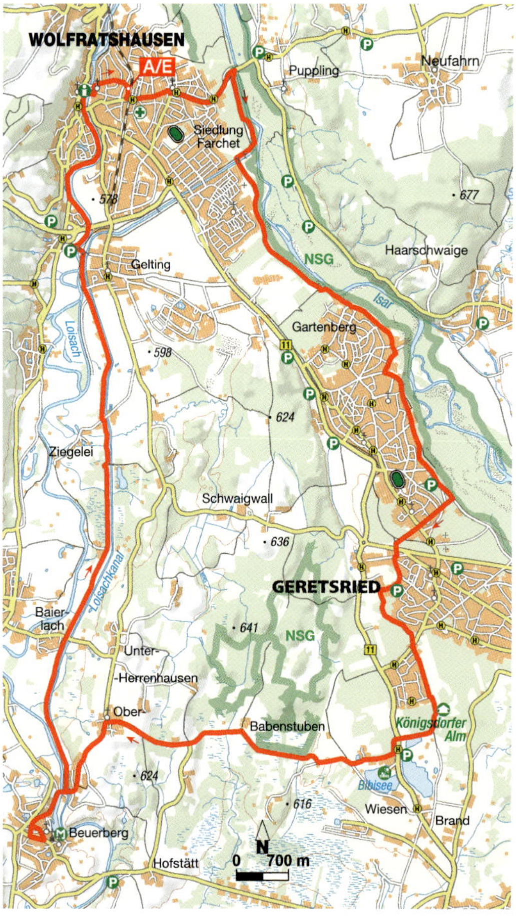

Genussradeln am Kanal Für den Rückweg geht es dann wieder zu den Brücken. Nun nehmen wir den Weg zwischen Loisach und Loisachkanal. Dieser Kanal wurde 1921/24 erbaut, um das Wasser aufzunehmen, das über das neue Walchenseekraftwerk in den Kochelsee und damit zusätzlich in die Loisach floss. Unser Weg ist jetzt nicht mehr zu verfehlen, er führt völlig flach und damit sehr gemütlich stets am Kanal entlang. Einmal überqueren wir die Straße, die von Unterherrenhausen kommt, und erreichen dahinter das Loisachmoor, das durch den Kanalbau in zwei Teile getrennt wurde. Hier hat sich die Bevölkerung nach dem Krieg mit Torf zum Heizen versorgt. Die verfallenden Torfhütten und die zugewachsenen Torfstiche kann man noch gut erkennen. In Gelting lohnt sich ein Abstecher über die Kanalbrücke in die Ortsmitte zum Maibaum und zur Dorfkirche St. Benedikt. Gelting gehört zu den ältesten Dörfern der weiten Umgebung. Der Ort unterstand früher dem Kloster Benediktbeuern, deshalb ist die Kirche außergewöhnlich reich geschmückt. Zurück müssen wir wieder an den Kanal und zur Loisach. Am besten geht das in Gelting von der Hauptstraße (Wolfratshauser Straße) aus, wo wir links in den Bahnweg abbiegen. Diesmal überqueren wir nicht nur den Kanal, sondern anschließend auf der blauen Schepperbrücke auch die Loisach. Dahinter geht es rechts an den Schrebergärten vorbei, unter dem Autobahnzubringer hindurch und immer am Fluss entlang nach Wolfratshausen. Dort stoßen wir an eine Brücke, auf der wir rechts die Loisach überqueren, nur um gleich links am Maibaum vorbei auf der alten Floßlände weiterzuradeln. An der nächsten Brücke sind wir schon in der Bahnhofstraße, wo wir rechts zum Startplatz zurückkommen.

Blumen im Kloster Beuerberg

Flößerstadt

Die malerische Altstadt von Wolfratshausen zieht sich über 400 Meter am linken Loisachufer entlang. Die Flößerei prägte den Ort über viele Jahrhunderte. Auf Holzflößen wurden allerlei Waren von den Bergen nach München geschifft. Das Aufkommen des Zugverkehrs beendete diesen Warentransport. Aber bis heute haben die Wolfratshauser Flößerfamilien das verbriefte Recht auf den Transport auf der Isar. Nur haben sie sich umorientiert und bringen jetzt Touristen und Ausflügler nach München.

13 Zwischen Bauernland und Seeufer

Von Münsing an den Starnberger See

leicht | 23 km | 150 m | 2 Std.

Tourencharakter
Rundtour, meist auf Forst-, Rad- und Wanderwegen, davon ein Drittel entlang des verkehrsberuhigten Seeufers. Zwei Steigungen sind zu bewältigen.

Ausgangs-/Endpunkt
Münsing, Vereinsbank unterhalb der Kirche

Geokoordinaten
47.9030, 11.3685

Anfahrt
Bahn: S7 von München nach Wolfratshausen und Tour von dort beginnen (zusätzlich 10 km und ein saftiger Anstieg). Auto: Auf der A95 bis Ausfahrt Wolfratshausen/Münsing, weiter nach Münsing. Parkplätze gibt es um die Kirche im Dorfzentrum.

Einkehr
Gasthäuser in allen größeren Orten am Weg. Münsing: bayerische Küche im Altwirt oder italienische Küche im Pinocchio an den Sportstätten; Ammerland: Huber am See

Karte
Kompass Nr. 180 Starnberger See, Ammersee, 1:50000

Information
www.muensing.de

Das malerische Münsing liegt auf einer Anhöhe über dem Starnberger See. Unsere Radtour streift einen der großen Schauplätze bayerischer Geschichte. Am Schloss von Berg, dem letzten Aufenthaltsort von König Ludwig II., wird an seinen Tod erinnert.

Nach Bachhausen Unser Ausgangspunkt, die VR-Bank, liegt unterhalb der großen Münsinger Dorfkirche. Wir radeln in die Schwabbrucker Straße und verlassen Münsing auf einem Waldweg. Nach zweieinhalb Kilometern kommen wir aus dem Wald und biegen am Bauernhof in Schwabbruck links ab. Nun folgen wir der Beschilderung nach Bachhausen. Der Weg führt wieder ein kurzes Stück durch den Wald, dann geht es links über eine kleine Brücke (Schild »Bachhausen«), und anschließend radeln wir rechts in den Bussardweg. Am Sport- und Tennisplatz überqueren wir die Autostraße geradeaus in den Laurentiweg. So kommen wir zum ehemaligen Gut Biberkor, heute eine Montessorischule. Unmittelbar vor der Hofeinfahrt folgen wir zunächst dem Weg nach links, biegen dann rechts in den Georgiweg ein und fahren an der nächsten Kreuzung wieder links in die Biberkorstraße und weiter nach Bachhausen.

Zu Oskar Maria Graf nach Berg In Bachhausen radeln wir auf der Hauptstraße durch den Ort und folgen am Ende links dem Schild nach Farchach. Dort bleiben wir auf der Hauptstraße, passieren einige schöne Höfe, die Kirche und die Abzweigung nach Wangen. Dann steigt die Straße leicht an. Wir biegen rechts in den Berger Weg, der zu einem grasbewachsenen Feldweg wird. Holprig geht es erneut bergab, an einem Reiterhof vorbei, zur nächsten Wegkreuzung. Hier fahren wir rechts zum runden Pumpwerkhäuschen und dann – jetzt Zähne zusammenbeißen – links den steilen Berg hinauf. Nach 250 Metern ist die Steigung geschafft, und wir sind im Ort Berg. Bergab rollen wir zur Hauptstraße und überqueren diese geradeaus in die Grafstraße.

In dem unscheinbaren Haus Nr. 9 wurde 1894 der Dichter Oskar Maria Graf geboren und verbrachte hier seine Jugendjahre.

Starnberger See, wir kommen An der romantischen Dorfkirche von Berg vorbei geht es jetzt steil die Wittelsbacher Straße hinunter, und wir erhaschen den ersten Blick auf den Starnberger See. Fahren sollten wir nicht zu schnell, denn auf halber Höhe biegen wir bereits scharf links ab (Schild »Votivkapelle«). Durch ein tagsüber geöffnetes Holztor kommen wir in den alten Schlosspark von Berg. Die Votivkapelle ist ausgeschildert. Hier starb der bayerische Märchenkönig Ludwig II. Sowohl die Votivkapelle als auch das Gedenkkreuz im See wurden zu seiner Erinnerung errichtet. Im Sommer ist im Park Gelegenheit zum Baden, wenn wir es nicht vorziehen, im Hotel Leonie hinter dem Park einen Cappuccino auf der Seeterrasse zu trinken.

Das Schloss Pocci am Starnberger See

Idyllisch ist der Garten mit Brotzeitverkauf bei der Fischerei Matthias Sebald in Ammerland.

Auf nach Ammerland Nach dem Park radeln wir bis Ammerland immer am See entlang. Es gibt viele moderne Prachtbauten, aber vor allem säumen alte herrschaftliche Villen und Schlösser den Weg. Viele davon wurden um 1900 erbaut und stehen unter Denkmalschutz. So sticht vor allem das feudale Schloss Seeburg ins Auge. Es wurde 1889 vom Bauunternehmer H. Hoech gebaut, wechselte dann aber rasch seine Besitzer. Heute gehört es dem Freistaat Bayern, der es langfristig an die Christengemeinde »Wort des Lebens« als Freizeitzentrum verpachtet hat. Das Ufer ist hier ein be-

Badestopp

Während der Sommersaison dürfen wir auf keinen Fall ein Handtuch und die Badesachen vergessen. Der Starnberger See hat fast Trinkwasserqualität, und wir kommen an vielen schönen Badestellen vorbei.

liebter Spot für Taucher. Eine Steinplatte fällt fast senkrecht bis auf 130 Meter ins Wasser ab. Deshalb sind die Tauchgänge hier besonders spannend, aber auch gefährlich. In Ammerland verlassen wir den See kurz nach dem Poccischloss nach links, der Teerstraße folgend. Das Schloss, das König Ludwig I. seinem Hofzeremonienmeister Franz Graf von Pocci, dem berühmten »Kasperl-Grafen«, schenkte, ist inzwischen zu exklusiven Eigentumswohnungen umgebaut worden. Nach dem Gasthaus Gerer radeln wir rechts in den Kapellenweg, 100 Meter später biegen wir in den Waldweg links ein (Schild »Münsing«). Knapp 100 Höhenmeter sind nun zu bewältigen, und so schwitzen wir strampelnd bergauf. Kurz nach der Abzweigung zur Staudacher Kapelle halten wir uns rechts und an der nächsten Abzweigung links. An einem großen Hof verlassen wir den Wald. Wir passieren die Münsinger Sportstätten, wenn uns nicht die selbst gemachten Nudeln im danebenliegenden Ristorante Pinocchio ausbremsen. Ansonsten radeln wir direkt auf den Kirchturm von Münsing zu und erreichen wieder unseren Ausgangspunkt.

Ganz unten: Das Gedenkkreuz erinnert an den Tod Ludwigs II.

Der Kirchturm von Münsing vor der Zugspitze

14 Rund um die Osterseen

Seenlandschaft als nationales Geotop

mittel	25 km	200 m	2.15 Std.

Tourencharakter
Rundtour, meist auf Forst- und Radwegen. Zwei kleinere Steigungen sind leicht zu bewältigen. Mit etwas Autoverkehr ist durch Seeshaupt und Iffeldorf zu rechnen. Am Wochenende ist um die Osterseen viel los, unbedingt Rücksicht auf Fußgänger nehmen!

Ausgangs-/Endpunkt
Seeshaupt, Hauptstraße

Geokoordinaten
47.8249, 11.3019

Anfahrt
Bahn: Mit dem Zug nach Seeshaupt. Auto: Autobahn A 95 bis Ausfahrt Seeshaupt, über St. Heinrich nach Seeshaupt. Parkplatz in der Penzberger Straße

Einkehr
Unterwegs Schlossgaststätte Hohenberg und am Ende der Tour in Seeshaupt mehrere Möglichkeiten. Im Sommer sitzt man nett am Selbstbedienungskiosk Würmseestüberl unterhalb der Kirche direkt am See oder in der Hauptstraße im Café Sainer Zeit

Karte
Kompass Nr. 180 Starnberger See, Ammersee, 1:50 000

Information
www.seeshaupt.de

Im Naturschutzgebiet Osterseen, das als eines der bedeutendsten Geotope in Deutschland ausgezeichnet wurde, radeln wir zwischen mystisch dunklen Toteisseen durch eine lichtdurchflutete Moorlandschaft. Ein wunderschöner Weg führt direkt am Wasser entlang.

Wochenenden meiden Dies ist eine unsere Lieblingstouren. Aber an schönen warmen, sonnigen Wochenenden ist das ganze Jahr viel los an den Osterseen. Mit dem Fahrrad wird es da sehr eng, und es gibt kaum ein Durchkommen, vor allem auf dem beliebten Uferweg. Deshalb besser gleich unter der Woche radeln oder die Alternativroute benutzen. Noch ist der Uferweg nicht für Radfahrer gesperrt. Wenn wir auf Mensch und Natur Rücksicht nehmen, werden wir diesen Ausflug noch lange genießen können. Baden können wir auf dieser Tour an allen ausgewiesenen Stellen des Ostersees und des Starnberger Sees.

Auf uraltem Seeboden In Seeshaupt starten wir auf der Höhe der Kirche St. Michael und radeln nach Osten auf der St.-Heinricher-Straße. Dabei dürfen wir die vielen schönen Häuser am Ufer des Starnberger Sees bewundern. Bald verlassen wir Seeshaupt und biegen dann rechts in die geteerte Straße mit der Beschilderung »Schechen/Sanimoor« ein. Wir folgen dem Sträßchen durch den Wald und über die Wiesen. Hier sind wir auf altem Seeboden unterwegs, denn der Starnberger See war früher mit den Osterseen verbunden. Wir durchradeln Sanimoor, danach mündet unser Weg in eine Straße. Es geht nur wenige Meter nach rechts, dann überqueren wir vorsichtig die große Staatsstraße in den kleinen verkehrsfreien Feldweg.

Am Großen Ostersee Nach der Bahnunterführung halten wir uns rechts und können dann gleich erneut rechts auf dem Radweg um die Osterseen Richtung Lauterbach fahren. Variante: Geradeaus ist der Weg jedoch viel interessanter. Er führt direkt

an das Seeufer hinunter, an dem wir uns dann ebenfalls nach rechts wenden und immer in Seenähe bleiben. Dieser schmale Pfad ist jedoch stark frequentiert. Gerade an Wochenenden bleiben wir besser auf dem Radweg und radeln in einiger Entfernung zum See durch den schattigen Wald.

Neben der Kapelle Maria Magdalena und Katharina liegt die Schlossgaststätte Hohenberg.

Beide Wege treffen unweit des Guts Aiderbichl wieder zusammen. Dort öffnet sich eine freie Sicht über den See mit Badestelle, bevor es weiter entlang der Gleise Richtung Norden geht. Kurz bevor wir auf die Straße von Seeshaupt nach Iffeldorf treffen, halten wir uns links und folgen dem kleineren Sträßchen Richtung Klinik Lauterbachmühle. Nach der privaten Herzklinik werden unsere

Einsam ragt eine Kiefer über das stille Osterseewasser.

Wadenmuskeln für einen kurzen Anstieg gefordert. Im sanften Auf und Ab geht es dann über Oberlauterbach zum Weiler Gröben.

Noch mehr Seen Hier teilt sich der Weg. Wir biegen rechts ab, passieren die Bauernhöfe und den im Wald liegenden Schillersberger Weiher. Unmittelbar nach dem kleinen See müssen wir aufpassen. Jetzt geht es rechts in einen nur für land- und forstwirtschaftlichen Verkehr freigegebenen Forstweg. Er führt fast schon wieder zurück und leicht bergauf. So kommen wir zum Streitberger Weiher, um den wir rechts herumradeln, bis wir am großen Streitberg-Hof links in den Waldweg einbiegen. Der Forstweg mündet in eine Wegekreuzung beim Hof Tradfranz. Wir fahren kurz nach links und biegen dann rechts nach Eichendorf ab.

Zur Schlossgaststätte Hohenberg Durch Eichendorf radeln wir in Fahrtrichtung und treffen dann auf eine größere Straße. Die-

ser folgen wir nach rechts und können so nach wenigen Pedalumdrehungen mit einem Abstecher nach links die Schlossgaststätte von Hohenberg besuchen. Ein echter Geheimtipp, nicht nur was die gute Küche anbelangt, auch sitzt man im kleinen Gastgarten sehr gemütlich.

Am Ufer der Osterseen

Links: Der Schaugarten von Seeshaupt ist im Frühsommer ein einziges Blütenmeer.

Nach Seeshaupt Nach der verdienten Rast radeln wir von der Schlossgaststätte wieder zur Straße vor und überqueren sie geradeaus in den Feldweg. Wir kommen in den Wald, wo wir an der zweiten größeren Abzweigung links bergab an Ellmann vorbei weiterradeln. Ein Stück später treffen wir auf eine Teerstraße. Hier biegen wir rechts ein und erreichen gleich danach die ersten Häuser von Seeshaupt. Wir überqueren nur noch geradeaus die Bahnschienen, radeln am schönen Schaugarten vorbei und treffen dann im Ortszentrum links wieder auf die Hauptstraße.

Toteisseen

Die Osterseen sind ein Überbleibsel aus der Eiszeit. Als sich die Gletscher zurückzogen, blieben gewaltige Eisblöcke liegen. Durch das Schmelzwasser wurden sie teilweise mit Gesteinsschutt bedeckt. Man rechnet, dass es nochmals gut 1000 Jahre dauerte, bis diese Eisreste geschmolzen waren. Zurück blieben offene, mehr oder weniger große Wasserflächen, die wir heute Toteisseen nennen.

15 Zwischen Königsdorf und Bad Heilbrunn

Moorland und Biobauern

leicht | 25 km | 280 m | 2.30 Std.

Tourencharakter
Meist flache Tour ohne große Steigungen auf manchmal ungeteerten Straßen. Wenig Beschilderung! Am Rückweg geht es über kleine Pfade und Wanderwege durch das Moor.

Ausgangs-/Endpunkt
Königsdorf, Kirche

Geokoordinaten
47.8163, 11.4809

Anfahrt
Auto: Autobahn A95 Richtung Garmisch, Ausfahrt Seeshaupt, Weiterfahrt über Beuerberg nach Königsdorf. Parkplätze entlang der Hauptstraße

Einkehr
Auf dieser Tour gibt es mehrere Einkehrmöglichkeiten. Direkt an der Strecke liegt das Gasthaus Reindlschmiede, in der Ramsau der Gasthof RamsAu. Kaffee und Kuchen gibt es beim Café Bolzmacher in Rothenrain. Schließlich gibt es in Königsdorf die Tafernwirtschaft Posthotel Hofherr, eine hervorragend geführte Gaststätte mit eigener Metzgerei.

Karte
Kompass Nr. 7 Murnau, Kochel, 1:50 000

Information
www.gemeinde-koenigsdorf.de, www.bad-heilbrunn.de

Diese Tour lässt uns das typische Alpenvorland erleben. Wiesen, Felder und auch Moore wechseln sich mit kleinen Wäldern ab, dazwischen liegen Weiler und große Höfe. Stets hat man die Alpen im Blick.

Die Stiftung Nantesbuch Wir starten an der Königsdorfer Hauptstraße vor der Dorfkirche und radeln bergauf, bis wir vor dem Rathaus rechts dem Schild nach Mooseurach folgen. Es geht schwungvoll über einige Kurven abwärts; an der Weggabelung halten wir uns links, und schon verlassen wir Königsdorf auf einer ruhigen, geteerten Straße. Kurz vor Mooseurach steigt die Straße an, dann sind wir auch schon am großen Gutshof. Der gehörte vor fast 100 Jahren Robert Bosch, dem Gründer der Firma Bosch, die in der ersten Hälfte des 20. Jahrhunderts revolutionäre Innovationen für die Kraftfahrzeugtechnik, insbesondere für die

Misteln besetzen die alten Obstbäume bei Nantesbuch.

Linke Seite: Bauernhofcafé Bolzmacher in Rothenrain

sichere Stromversorgung von Zündkerzen, erfand. Heute ist Mooseurach ein ökologisch betriebener Bauernhof. In den dazugehörigen ehemaligen Gesindehäusern leben viele Künstler. Wir bleiben auf dem Weg, den wir gekommen sind. Leicht bergab erreichen wir kurz darauf ein paar der ehemaligen Arbeiterhäuser. Hier biegen wir links ein, und an der nächsten Weggabelung wenden wir uns nach rechts. Jetzt geht es stets geradeaus durch die von Bächen durchzogene Breitfilze. Hier gibt es wenig Schatten. Im Sommer staut sich die Wärme in der dunklen, moorigen Torferde, die dann einen ganz eigenen, fast schon mediterranen Geruch verströmt. Kurz nach einem Heustadl teilt sich der Weg. Wir wählen den linken und treffen unterhalb von Nantesbuch auf eine Teerstraße, in die wir links einbiegen. Sie bringt uns bergauf zum Hofgut Karpfsee, das ebenfalls zu Nantesbuch gehört. Ähnlich wie Mooseurach war dies ein großes Gut. Vor wenigen Jahren hat es dann die Unternehmerin Susanne Klatten gekauft und in eine Stiftung umgewandelt. Der Zweck der Stiftung ist, das Bewusstsein für Natur und Umwelt zu schärfen. Es gibt sehr interessante Veranstaltungen wie Lesungen, Konzerte und Workshops. Wenn es nicht gerade deswegen gesperrt ist, können wir durch das Stiftungsgelände fahren und vor allem das »Lange Haus«, ein architektonisches Meisterstück, bewundern.

Zwei Wirtshäuser Weiter geht es in Fahrtrichtung, und bergab kommen wir über Karpfsee (kein See, sondern ein kleiner Weiler!) zum Hofgut Letten, einem Vorzeige-Ökobetrieb, der sich vor allem auf biologischen Gemüseanbau spezialisiert hat. Nun müssen wir ziemlich genau einen Kilometer nach rechts auf der stärker befahrenen B 11 radeln. Wir passieren das Gasthaus Reindlschmiede, sofern uns nicht sein Biergarten zu einer Pause ruft. Dann überqueren wir einen Bach und kreuzen nach links die Bundesstraße. Gegenüber beginnt wieder eine nur für Landwirte freigegebene Straße, die nach etwa zwei Kilometern am Gasthaus RamsAu in den gleichnamigen Ortsteil von Bad Heilbrunn mündet.

Die Kirche von Oberbuchen liegt einsam auf einem kleinen Hügel über dem Weiler.

Auf zum Kaffee Nach dem Gasthaus RamsAu biegen wir an der Wegekreuzung links ein und fahren dann gleich die nächste

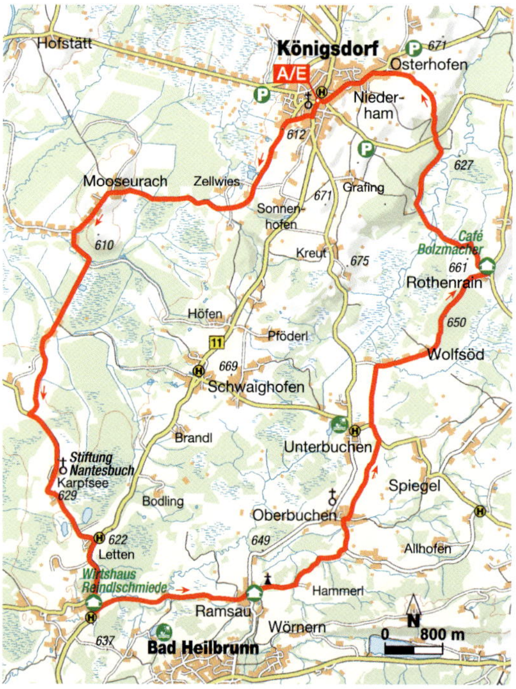

Straße nach rechts (Schild »Hammerl«). Die geteerte Straße steigt zunächst an, wir radeln durch zwei kurze Waldabschnitte. Unmittelbar nach dem zweiten Waldstück, wenn wir den Hof Hammerl schon sehen, biegen wir links in den Forstweg ein. Leicht bergab geht es auf einem holprigen Forstweg zum Bauernhof Bachern in Bach bei Oberbuchen. Nun sind wir wieder auf einer Teerstraße und biegen links ein. Es geht bergab und gleich wieder bergauf nach Oberbuchen. An der T-Kreuzung fahren wir wenige Meter nach rechts, dann gleich an der Weggabelung links und über die freien Felder Richtung Norden. Der ebenfalls sehr holprige Feldweg bringt uns völlig verkehrsfrei zu einer Autostraße. Diese überqueren wir etwas nach links versetzt wieder in einen Feldweg. Auch dieser Weg mündet in eine geteerte Straße, die uns rechts bergauf nach Wolfsöd mit seinen schönen Bauernhäusern bringt. Immer geradeaus geht es dahinter durch den Wald nach Rothenrain, ebenfalls ein wunderschöner Weiler mit alten, oberbayerischen Bauernhäusern, einer netten blumengeschmückten Kapelle und vor allem mit dem Café Bolzmacher. Die hausgemachten Kuchen und Torten sind eine süße Verführung, und die herrliche Aussicht von der Terrasse lässt uns länger als geplant Pause machen.

Kräuter-Erlebnis-Park

Von der Ramsau aus bietet sich ein kurzer Abstecher ins Ortszentrum von Bad Heilbrunn an. Im Kräuter-Erlebnis-Park sind mehr als 400 verschiedene Kräuter, Duft- und Blühpflanzen zu bewundern (einschließlich Rückfahrt knapp 3 km).

Zurück nach Königsdorf Nach der Rast in Rothenrain wird es nun etwas abenteuerlicher. Wir biegen gegenüber dem Café, also nördlich der kleinen Kapelle, in den Feldweg, der uns im Rechtsknick an den Waldrand führt. Jetzt geht's bergab und in der Talsohle geradeaus über einen Wiesenpfad, der mitten durch das Moor führt. Wanderer haben hier Vorrang. Wir queren über einen Steg einen Bach. Bald weitet sich der Pfad zu einem Forstweg, der über Wiesen und durch Wälder führt. Schließlich trifft er auf eine Fahrstraße. Wir überqueren sie geradeaus in einen Forstweg und strampeln ein letztes Mal bergauf. Wenn der Wald sich lichtet, sehen wir bereits die ersten Häuser der Königsdorfer Ortsteile Osterhofen und Niederham vor uns. Jetzt geht es immer ein wenig links, in Richtung Westen, auf den Hauptstraßen durch die von Bauernhöfen gesäumten Dorfstraßen. Der Königsdorfer Kirchturm weist uns den Weg.

16 Von Bad Tölz zum Kirchsee

Beliebter Moorsee der Münchner

leicht | 22 km | 100 m | 2 Std.

Tourencharakter
Rundtour, meist auf autofreien Forst- und Feldwegen. Kleine Seeumrundung mit Bademöglichkeit. Mit viel kulturellem oder sportlichem Zusatzprogramm in Bad Tölz kombinierbar

Ausgangs-/Endpunkt
Bad Tölz, Parkplatz am Freibad Eichmühle

Geokoordinaten
47.7670, 11.5784

Anfahrt
Bahn: Mit der BOB von München nach Bad Tölz, kurze Anfahrt zum Freibad. Auto: Auf der A95 bis Ausfahrt Sindelsdorf, weiter nach Bad Tölz. Das Freibad liegt hinter dem Bahnhof.

Einkehr
Bad Tölz: In der Fußgängerzone der Marktstraße gibt es viele Einkehrmöglichkeiten wie Eisdielen, Cafés und Gasthäuser. Unterwegs liegt das Klosterbräustüberl in Reutberg direkt an der Strecke, ebenso der Jägerwirt (Ruhetage Mo und Do) in Kirchbichl

Karte
Kompass Nr. 182 Isarwinkel, Bad Tölz, Lenggries, 1:50000

Information
www.badtoelz.de

In der Bilderbuchlandschaft des Tölzer Landes liegt das Kloster Reutberg malerisch auf einem Hügel über dem Kirchsee. Sein Moorwasser erwärmt sich schnell, die perfekte Badegelegenheit. Dazu lockt nach dem Besuch der barocken Klosterkirche ein schöner Biergarten.

Ellbach und sein Moor Wir starten am Parkplatz des Freibades Eichmühle und radeln am Ellbach entlang stadtauswärts. Die kleine Straße wird bald zu einem Feldweg, und wir kommen zum ersten kleinen Anstieg. Vor den Häusern von Obermühlberg biegen wir links ein und fahren an der Fischzucht vorbei durch das Ellbachmoor. In Ellbach mühen wir uns erneut bergauf zur Hauptstraße, der Tölzer Straße, in die wir rechts einbiegen. Fast am Ortsende halten wir uns an der Weggabelung rechts in den Reutbergweg, der immer geradeaus, für Anlieger frei, wieder zu

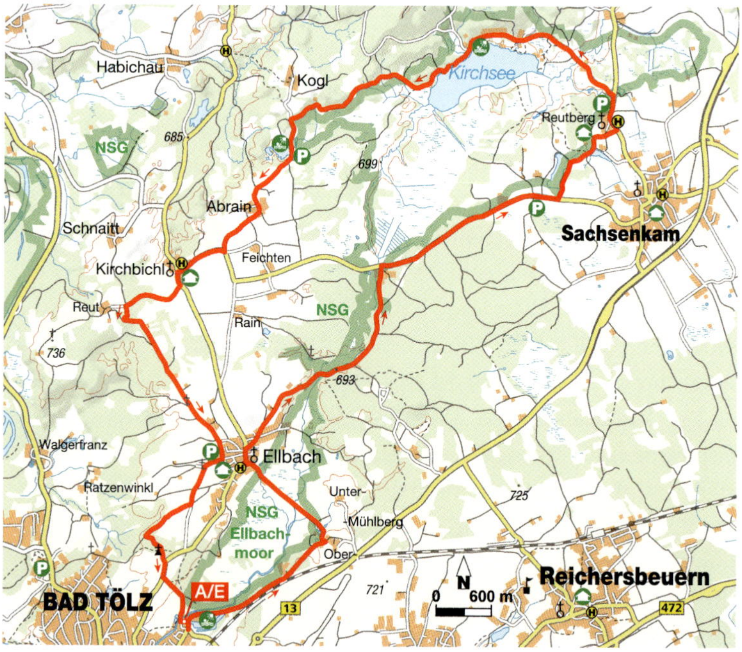

einem Wiesen- und Waldweg wird. Im Wald gabelt er sich. Wir bleiben links und erreichen nach dem Weiler Kirchseemoor die Autostraße.

Kloster Reutberg Nach rechts teilen wir zwei Kilometer lang unsere Strecke mit dem Autoverkehr. Nach dem Waldabschnitt passieren wir den Hussnhof und biegen dann an der zweiten Möglichkeit links ein. Vorbei am Neuweiher halten wir uns rechts und kommen über den Mühlweiher, dort links, zum Kloster Reutberg. Eine erste Besichtigungspause haben wir uns verdient, und natürlich darf auch eine kulinarische Exkursion zum Reutberger Bier im Klosterbräu nicht zu kurz kommen.

Ein Schwan beäugt uns von seinem Revier, dem Ellbach.

Ganz oben: Bad Tölz an der Isar

Zum Badesee Nach dem Stopp fahren wir über den Parkplatz des Bräustüberls und biegen an der Teerstraße nach links ab. An der nächsten Weggabelung halten wir uns noch einmal links, und schon radeln wir direkt auf den Kirchsee zu. Die meisten Uferbereiche, so z. B. das gesamte Südufer, stehen unter Naturschutz, aber auf der Fahrt um den See erreichen wir einige ausgewiesene Badestellen und Liegewiesen, die erste gleich nach dem großen Parkplatz. Zunächst in Ufernähe bleibend verlassen wir am Südwestende den See und radeln immer auf dem Hauptweg durch das Kirchseemoor in den Wald. Der Weg mündet in eine Asphaltstraße; jetzt biegen wir links ab, passieren den Koglweiher und durchqueren den Weiler Abrain. An der nächsten Kreuzung wenden wir uns nach rechts und sind kurz drauf in Kirchbichl.

Zurück in die Stadt An der Kirche endet unsere Straße, und wir radeln links auf der Fahrstraße weiter. Bereits 130 Meter später biegen wir rechts in den kleineren Weg ein und folgen dem Schild »Bad Tölz/Reut«. Kurz vor dem Weiler Reut, am Waldrand, biegen wir scharf links in den ungeteerten Waldweg ein. Wir

Rechts: Der Kirchsee erwärmt sich schnell und ist dementsprechend beliebt als Badesee.

Das Bräustüberl am Reutberg zählt zu den schönsten Wirtschaften in Oberbayern.

folgen der Linkskehre und dann immer geradeaus dem Schild »Ellbach«. In Ellbach geht es zunächst durch ein Neubaugebiet, dann biegen wir an der Querstraße nach rechts und passieren den Schützenwirt. Unmittelbar dahinter halten wir uns links und biegen 500 Meter später rechts in den kleineren Feldweg ein, immer noch dem Radweg nach Bad Tölz folgend. Es geht bergab, aber dann müssen wir aufpassen! Im Wald biegen wir links ab, wieder bergauf der Beschilderung »Röckl-Kapelle« und »Freibad Eichmühle« folgend. Von der Röckl-Kapelle genießen wir dann noch die herrliche Aussicht über das Tölzer Land und die Vorberge. Anschließend stoßen wir erneut auf eine Querstraße, auf der wir 150 Meter rechts zum nächsten Fahrweg auf der linken Seite radeln. Jetzt geht es nur noch bergab, unten über den Ellbach, und schon sind wir zurück am Freibad.

Badeweiher und Bockbier

Wenn es im Sommer am Kirchsee zu voll ist, können wir etwas weiter in den kleinen Koglweiher springen. Hier gibt es auch eine Liegewiese.

Das Josefi-Fest von Reutberg wird jährlich acht Tage lang vor allem mit dem Josefibock gefeiert, immer in der Woche um den Josefitag, den 19. März.

Die bemalten Häuser sind eine der Sehenswürdigkeiten in der Tölzer Altstadt.

17 Von Bad Tölz nach Lenggries

Isarflimmern

mittel | 30 km | 200 m | 3 Std.

Tourencharakter
Die Runde startet mit einer kurzen Schiebepassage. Meist radeln wir auf ungeteerten Rad- und Feldwegen, selten auf wenig befahrenen Nebenstraßen.

Ausgangs-/Endpunkt
Bad Tölz, Blombergbahn

Geokoordinaten
47.7479, 11.5160

Anfahrt
Bahn: Mit der BOB nach Bad Tölz, kurze Anfahrt zum Startplatz ist dann nötig, die können wir aber am Rückweg einsparen. Auto: Autobahn A95 bis Ausfahrt Sindelsdorf, weiter Richtung Bad Tölz. Die Blombergbahn und der Parkplatz liegen direkt an der Straße kurz vor Bad Tölz.

Einkehr
Bei Wackersberg: Waldherrenalm, Ausflugslokal mit schöner Terrasse direkt unter dem Zwiesel; Lenggries und Bad Tölz: viele Einkehrmöglichkeiten und Eisdielen

Karte
Kompass Nr. 182 Isarwinkel, Bad Tölz, Lenggries, 1:50000

Information
www.badtoelz.de, www.lenggries.de

Unsere Rundtour führt über die Wiesenbuckel des Wackersbergs nach Lenggries im Zentrum des Isarwinkels. Am Rückweg treffen wir im Naturschutzgebiet auf die wilde Isar, der wir flussabwärts nach Bad Tölz folgen.

Wiesenwege zum Bauernhofeis Mit Blick auf die Blombergbahn halten wir uns auf dem Parkplatz zuerst ganz links und folgen dem Schild »Waldherrenalm/Wackersberg« ca. 200 Meter steil bergauf. Am großen Gestüt vorbei treffen wir auf eine Teerstraße, auf der wir nach rechts fahren. Nach ein paar Bauernhöfen passieren wir den alten Quellhof von Sauersberg, eine der Fundstellen des jodhaltigen Tölzer Heilwassers. Am Bienenlehrstand biegen wir rechts auf den Feldweg (Schild »Pestkapelle«) ein und erreichen an der zum Dank für die überstandene Pest errichteten Kapelle wieder die Teerstraße. Auf ihr geht es nach rechts bis zur T-Kreuzung. Rechts ist ein Abstecher zur Waldherrenalm möglich, ansonsten geht es nun links weiter in Richtung Isartal. Am Autohaus Willibald halten wir uns rechts, und dann müssen wir etwas aufpassen! In der nächsten Kurve zweigt nach rechts ein kleiner Weg ein, den wir benützen wollen. Er führt gleich über den Steinbach. Danach queren wir die kleinen Zufahrtsstraßen stets geradeaus und sind auf einem schmalen Wiesenweg unterwegs. So erreichen wir, vorbei an den ersten Häusern, Arzbach, wo wir nun stets weiter in südlicher Richtung der Beschilderung auf den Höhenweg folgen. Achtung, der Weg ist schmal, und Fußgänger haben natürlich Vorrang.

Nach Lenggries Bergab erreichen wir am Freibad den Arzbach, den wir queren, und dann geht es schon wieder bergauf am Schweizer Wirt vorbei. Wir bleiben nun immer auf dem Höhenweg, der uns aber ein wenig zum Schwitzen bringt. Stattliche und mustergültig renovierte Höfe säumen unseren Weg. Kaskadengleich quellen im Spätsommer Blumen über Balkonbrüstungen und Fenstervorsprünge. Wir passieren die alte Prinz-Hein-

Die Lenggrieser Pfarrkirche St. Jakob mit ihrem barocken Zwiebelturm

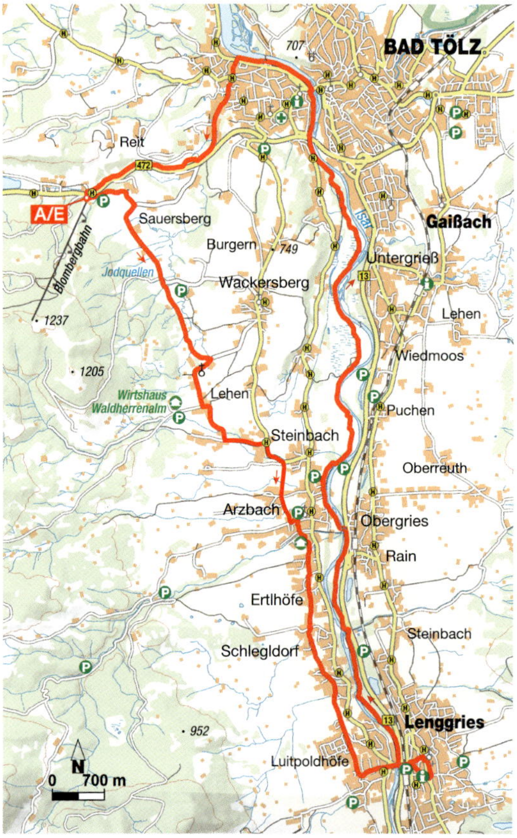

Am Ende der Radtour können wir noch am Blomberg mit der Sommerrodelbahn den Berg hinabflitzen.

rich-Kaserne, und dann endet der Höhenweg an der Straße zur ehemaligen Talstation der Brauneck-Bergbahn. Wer einkehren möchte, kann mit einem Abstecher nach rechts zur Freizeitarena Brauneck fahren und es sich in der Alten Mulistation oder beim Jaegers gemütlich machen. Spaß bieten zudem die Bullcarts, mit denen man den Skihang hinunterflitzen kann. Ansonsten geht es links direkt hinab nach Lenggries, wo wir über zwei Kreisverkehre und die Isarbrücke ins Ortszentrum gelangen.

Isarflimmern Für den Rückweg starten wir an der Isarbrücke in Lenggries. Ab jetzt dürfen sich unsere Wadenmuskeln erholen. Dafür schieben wir auf der Lenggrieser Seite unsere Räder in den dafür vorgesehenen Schienen die Treppen zum östlichen Isarradweg hinunter. Nun folgen wir einfach immer den Radwegschildern nach Bad Tölz. Entspannt geht es flussabwärts, nur bei Arzbach wechseln wir noch einmal das Isarufer. Natürlich können wir Badepausen in den lichten, im Hitzestau des Sommers flimmernden Isarauen einlegen. Vorbei an einigen kleinen Altwasserbecken kommen wir nach Bad Tölz. Unter der Umgehungsstraße hindurch sehen wir auf der anderen Seite der Isar die reich verzierten Bürgerhäuser der Altstadt und die Marktstraße mit dem Turm der Pfarrkirche Mariä Himmelfahrt. Ein Abstecher lohnt sich definitiv.

Ansonsten bleiben wir auf dieser Isarseite, passieren die große Brücke und radeln auf der Bürgermeister-Stollreither-Promenade weiter flussabwärts. Bald nach dem großen Wohnmobil-Parkplatz und dem Ernst-Thissen-Steg biegen wir links in die Wilhelm-Dusch-Straße ein. An ihrem Ende erreichen wir wieder einen Radweg, der uns nach rechts zurück bis zum Blomberg-Parkplatz bringt. Am Blomberg, dem Hausberg der Tölzer, kann man auf einer Sommerrodelbahn von 1226 Metern Länge in Haarnadelkurven von der Mittelstation durch Wald und über Almwiesen zu Tal brausen. Bei Regen und feuchter Bahn wird gesperrt.

Dorfidylle

Lenggries zeichnet sich durch eine altbayerisch gewachsene Dorfstruktur aus, wie sie kaum noch anzutreffen ist. Der Ort hat die Gratwanderung zwischen Tourismus und Tradition, zwischen Neubaugebieten und bäuerlichem Ortskern bravourös gemeistert. Sehenswert ist neben der Pfarrkirche St. Jakobus der alte Ortskern mit blumengeschmückten Bauernhöfen.

Der Rieschhof am Höhenweg zwischen Bad Tölz und Lenggries

18 Im Loisachmoor bei Bad Heilbrunn

Klöster, Kirchen und ein Kräuterpark

leicht | 28 km | 140 m | 3 Std.

Tourencharakter
Meist flache Tour ohne nennenswerte Steigungen durch die Loisachmoore. Überwiegend auf ruhigen, geteerten Nebenstraßen, Radwegen oder Feldwegen

Ausgangs-/Endpunkt
Bad Heilbrunn, Rathaus

Geokoordinaten
47.7474, 11.4540

Anfahrt
Auto: Autobahn A95 bis Ausfahrt Sindelsdorf, weiter Richtung Bad Tölz bis Bad Heilbrunn. Die Ortsmitte liegt links der Bundesstraße.

Einkehr
Penzberg/Maxkron: Italia Antica, Lieblingsitaliener mit frischer Holzofenpizza; Mürnsee: Gasthof Reindlschmiede mit Biergarten; Ramsau: toller Gasthof RamsAu mit einem Biergarten unter riesigen Kastanienbäumen; Bad Heilbrunn: Restaurant Park-Villa in der historischen Seidlvilla, hier gibt es sehr leckere frische Küche.

Karte
Kompass Nr. 182 Isarwinkel, Bad Tölz, Lenggries, 1:50 000

Information
www.bad-heilbrunn.de

Bad Heilbrunn ist ein Kurort im Tölzer Land mit langer Geschichte. Die Trinkkuren der Adelheid-Quelle gibt es nicht mehr, stattdessen einen herrlichen Kräuterpark, sicherlich der schönste im ganzen Tölzer Land.

Nach Benediktbeuern Vom Bad Heilbrunner Rathaus radeln wir auf der Hauptstraße an der Kirche vorbei durch den ganzen Ort. Am Seniorenheim Alpenhof beginnt der Radweg, dem wir nach rechts folgen. Nun sind wir ein Stück auf dem Bodensee-Königssee-Radweg unterwegs. Wir überqueren gleich die Autostraße und kommen über Baumberg hinab zur B 11. Der Radweg läuft auf der gegenüberliegenden Straßenseite nach links weiter. Über Untersteinbach und durch eine Unterführung erreichen wir Obersteinbach. Nach der Ortsdurchfahrt geht es über eine Steinbrücke. Vor uns liegen die Bichler Flur und die Berge des

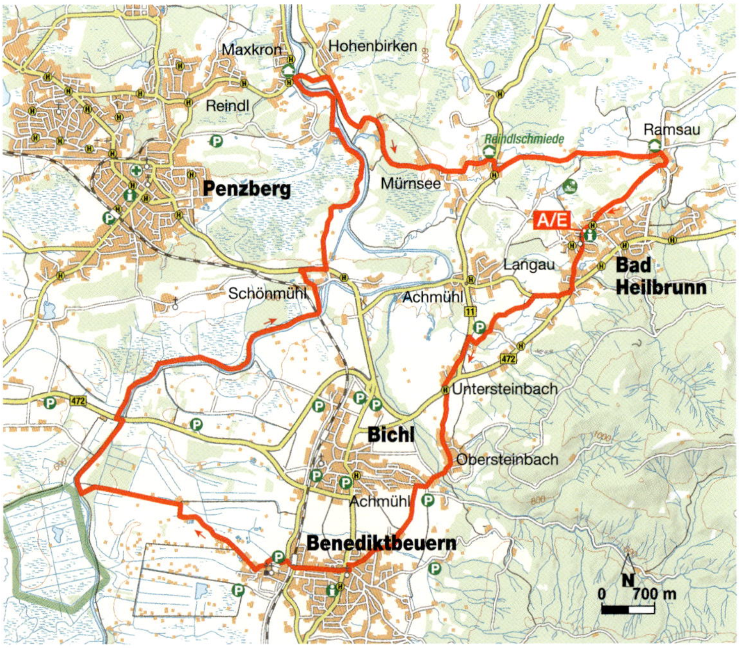

Bad Heilbrunn liegt an der bekannten Weitwander-/Radstrecke Bodensee–Königssee.

Loisachtals. An der Weggabelung halten wir uns zunächst geradeaus in die Ludmühlstraße, biegen dann aber an den ersten Häusern von Bichl links ab. Über Felder und an der Schule vorbei sind wir rasch in Benediktbeuern. In die Hauptstraße biegen wir für wenige Meter links ein und fahren dann an der Ampel rechts zum alten Kloster. Das barocke Juwel mit seinen beiden Zwiebeltürmen haben wir schnell erreicht (siehe Tour 19). Weiter geht es rechts um das Kloster herum, an den großen Parkplätzen vorbei, durch eine Allee ins Benediktbeurer Moor. Immer geradeaus folgen wir am Segelflugplatz dem Rechts-links-Knick des Feldweges. Nach einer Birkenallee erreichen wir schließlich das Loisachufer, dem wir rechts flussabwärts folgen.

Kapelle am ehemaligen Gasthaus Schönmühl

Ganz unten: Die Birkenallee führt zur Loisach im Benediktbeurer Moor.

Das Gasthaus RamsAu hat einen schattigen Biergarten unter mächtigen Kastanienbäumen.

Abenteuer an der Loisach Bald stoßen wir auf die große Autostraße. Wir überqueren die Loisach und folgen dann dem Radweg unter der Straße hindurch. Nun radeln wir flussabwärts, mit der Loisach zu unserer rechten Seite. Der Weg wird zu einem abenteuerlichen Wiesenpfad. Er kann feucht sein und etwas holprig. Aber die Abwechslung macht viel Spaß. Nur das Wegegebot müssen wir streng beachten. Im Frühjahr gehören die unter Naturschutz stehenden Flächen den Wiesenbrütern. Diese Vögel brüten ihren Nachwuchs in Moorgebieten am Boden aus. Sie sind stark vom Aussterben bedroht. Zu ihnen gehören der kleine Brachpieper, der Große Brachvogel mit seinem langen, spitzen Schnabel, die Uferschnepfe, das Tüpfelsumpfhuhn und der seltsam rufende Wachtelkönig. Immer dicht am Fluss radelnd erblicken wir bald auf unserer linken Seite die kleine Kirche St. Johannisrain, strampeln dann unter der Eisenbahn hindurch und erreichen Schönmühl.

Entlang der Loisach Am Sägewerk geht es links den Hang hinauf und dann rechts auf den Radweg. Am großen Umspannwerk biegen wir links bergab in die kleine geteerte Straße Richtung Maxkron. Nach dem Klärwerk verlassen wir die Straße nach rechts auf den Loisachdamm und sind so völlig verkehrsberuhigt bald in Maxkron. Hier gelangen wir über den schmalen Fußgängersteg auf die andere Loisachseite. Gleich nach der Brücke radeln wir erneut rechts auf dem Wiesenpfad weiter.

Durch Heilbrunner Ortsteile Er mündet im Ortsteil Hohenbirken in eine Teerstraße, auf der wir nach rechts weiterradeln. Jetzt geht es flott dahin, und nach einem Waldstück sind wir schon in Mürnsee. Die Straße mündet am

Im Frühling und nach einer Regenperiode müssen wir mit feuchten Wegen entlang der Loisach rechnen.

Gasthaus Reindlschmiede in die B 11, die wir etwas rechts versetzt überqueren. Der Feldweg führt nun wieder ohne störenden Verkehr zur nächsten Verpflegungsstation, dem Gasthaus RamsAu. Nun ist es nicht mehr weit bis Bad Heilbrunn. Nach dem Gasthaus treffen wir auf eine Straße, in die wir rechts einbiegen. An der nächsten Möglichkeit (Schild »Obermühl«) fahren wir erneut rechts über einen Bach und radeln zum Finale leicht bergauf. Wir passieren noch eine Kapelle und erreichen dann den Ramsauer Weg. Diesem folgen wir, biegen dann an seinem Ende mit einem Links-rechts-Schwenk in die Badstraße und kommen so zurück zum Rathaus von Bad Heilbrunn.

Baden im Moorsee

Zwischen der Reindlschmiede und Ramsau liegt nach rechts ausgeschildert der Schönauer Weiher, ein herrlicher kleiner Moorsee mit Liegewiesen, der seinem Namen absolut gerecht wird.

19 Benediktbeuern, Kochel und Schlehdorf

Von Kloster zu Kloster

leicht | 28 km | 50 m | 2.30 Std.

Tourencharakter
Fast schattenlose Rundtour, überwiegend auf Feldwegen und Pfaden durch das Kochelseemoor. Badesachen nicht vergessen!

Ausgangs-/Endpunkt
Benediktbeuern, Bahnhof

Geokoordinaten
47.7088, 11.3996

Anfahrt
Bahn: Von München Richtung Kochel, Haltestelle Benediktbeuern. Auto: Autobahn A95 bis Ausfahrt Penzberg/Iffeldorf, weiter nach Benediktbeuern. Parkplatz am Kloster

Einkehr
Benediktbeuern: Klosterbräustüberl mit Biergarten, Café Lugauer im Dorf, bekannt für seine himmlischen Torten, Ottis Eis- und Cafégarten, Ignaz-Günther-Straße 2, etwas versteckt beim Bahnhof, liegt romantisch in einem wasserdurchzogenen Garten mit vielen lauschigen Sitzplätzen zwischen üppigen Blumen; Schlehdorf: Fischerwirt

Karte
Kompass Nr. 7 Murnau, Kochel, 1:50000

Information
www.benediktbeuern.de, www.kochel.de

Das Kochelseemoor erstreckt sich vom Kochelsee bis nach Benediktbeuern. Kaum vorstellbar, dass es einst so unwirtlich war, dass sich kaum einer in den Sumpf wagte. Umso mehr bezaubert heute die Natur zwischen den Bergen, dem Moos und der Loisach.

Durch das Moor nach Kochel Vom Bahnhof Benediktbeuern radeln wir in Richtung Kloster und biegen an der Hauptstraße rechts über die Gleise. Hier treffen wir auch die Autofahrer, die vom Parkplatz zur Bahn zurückgeradelt sind. Entlang der Gleise passieren wir das Kloster und überqueren die Fraunhoferstraße in den Spatzenpointweg. Bis zur Bahnunterführung bleiben wir den Schienen treu. Dort biegen wir rechts ab, halten uns an der ersten Weggabelung rechts und gleich darauf links, dem Schild »Rundweg 1« folgend. Jetzt können wir uns nicht mehr verfahren und bleiben auf dem Hauptweg. Nach ca. 3,6 Kilometern überqueren wir an einer kleinen Brücke den Lainbach und halten uns unmittelbar danach links. So erreichen wir den großen Hof Brunnenbach. Hier müssen wir uns entscheiden. Der Radweg nach Kochel verläuft nicht direkt an der Loisach, er führt über den Weiler Pessenbach erneut an die Gleise der Bahn und folgt diesen dann nach Kochel. Der schönere Weg ist eigentlich nur für Fußgänger freigegeben. Dafür halten wir uns in Brunnenbach rechts, bis wir direkt an das Loisachufer kommen. Hier verläuft ein kleinerer, schmaler Weg traumhaft nah am Ufer entlang. Links davon wachsen im Moor wunderschöne Blumen, und die Loisach schillert in allen erdenklichen Grüntönen. Hier müssen wir unbedingt auf Wanderer achten, sie haben absoluten Vorrang, denn offiziell müss(t)en wir schieben. Auf diesem Weg erreichen wir Kochel an der Stelle, an der die Loisach aus dem Kochelsee fließt. Wer den offiziellen Radweg gewählt hat, radelt nach der Ortsbesichtigung von Kochel auf der Schlehdorfer Straße aus dem Ort und trifft ebenfalls auf die Brücke, an der auch der »Wanderweg« endet.

Die Bootshäuser stehen bei Schlehdorf im Kochelsee.

Zum alten Schlehdorfer Kruzifix Genau hier beginnt unser Radweg nach Schlehdorf. Schon bald sehen wir die beiden Schlehdorfer Klostertürme und erreichen die nächste Loisachbrücke, von wo wir später weiterradeln. Hier ist der Fluss erst auf dem Weg in den Kochelsee und fließt deshalb in die andere Richtung. Eine Besichtigung von Schlehdorf und der Klosterkirche oder eine Pause am schönen Seeufer bietet sich auf alle Fälle an. Besonders beachtenswert ist die Friedhofskapelle. In ihr hängt ein frühromanisches Kreuz, von dem die Kunsthistoriker annehmen, dass es um das Jahr 1000 entstanden ist. Auffällig ist, dass die Seestraße in Schlehdorf aus fast baugleichen Häusern besteht. Das geht auf die Brandkatastrophe von 1846 zurück, bei der praktisch das

Kloster Benediktbeuern

Kunsthistorisch ist das Kloster Benediktbeuern ein wahres Kleinod. Bereits der barocke Klosterinnenhof mit seinen Arkadengängen lockt zu einem Rundgang. Die prächtige Klosterkirche wurde von Zucalli erbaut und ist mit Stuck und Fresken von Hans Georg Asam verziert. Sehenswert ist vor allem die Anastasiakapelle im feinsten Rokoko. Wer Zeit hat, sollte sich bei einer Klosterführung den Alten und Neuen Festsaal sowie die Bibliothek ansehen.

gesamte Dorf abgebrannt ist. Für den Wiederaufbau hat die Regierung von Oberbayern diese Form zwingend vorgeschrieben.

Zum Eichsee Zurück an der Loisachbrücke nehmen wir den Weg östlich des Flusses, also nicht die Schlehdorfer Seite. Ohne Steigung rollen wir neben dem Fluss dahin. Kurz nach der Brücke zum Schlehdorfer Ortsteil Unterau halten wir uns schräg rechts und folgen dem geteerten Sträßchen. Die vielen verstreuten Heuschober waren vor allem früher sehr wichtig. Im Sommer, wenn die Bauern die Wiesen mähten, war der Boden so nass, dass zum Abtransport des Heues die schmalen Wagenräder eingesunken wären. So lagerte man das Heu in den Hütten, bis der gefrorene Boden im Winter den Transport erlaubte. Zusammen mit der nahen Bergkette von Herzogstand und Heimgarten und den blühenden Feuchtwiesen ergeben sie ein exquisites Fotomotiv. Kurz vor dem Weiher teilt sich der Weg, wir radeln rechts zum Eichsee. Sein dunkles Moorwasser erwärmt sich sehr schnell. Im Sommer wird für die Badenden eine Liegefläche gemäht. Der See ist ein ultimativer Geheimtipp. Wer seine Badesachen dabei hat, sollte wirklich einmal hineinspringen. Diese Mischung aus überwältigender Natur und traumhafter Aussicht auf die Alpen macht den See einem Infinity Pool gleich.

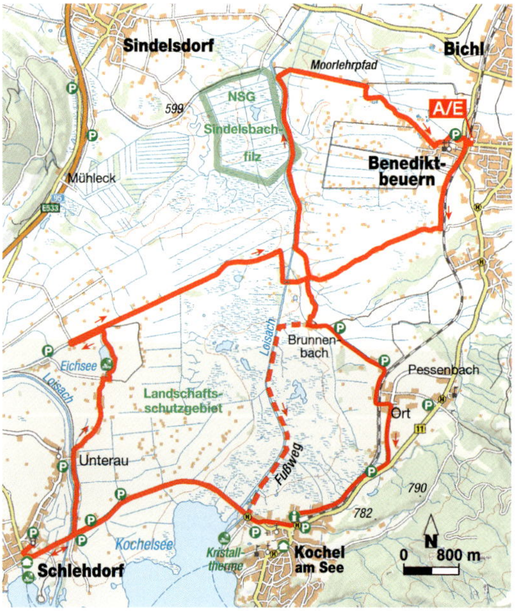

Über den Triftkanal Nach dem Baden geht es in Fahrtrichtung am Eichsee vorbei, und an der nächsten Weggabelung radeln wir nach links. Kurz darauf können wir auf einer kleinen Brücke den Triftkanal nach rechts überqueren. Unmittelbar danach biegen wir rechts ab und folgen dem Triftkanal. Der Weg wird schmaler und ein wenig feucht, und bald folgen wir der Beschilderung »Benediktbeuern« nach rechts. Mit einem kurzen Linksschwenk sind wir auf der Brücke über die Loisach, und 300 Meter später stoßen wir auf den bereits bekannten Hinweg. Wieder überqueren wir den Lainbach, biegen jedoch diesmal gleich nach der Brücke links ein. Der Weg schlängelt sich nun als Pfad entlang der Loisach. Holzstege und schmale Brücken führen über kleine

Zuflüsse. Die Biberbissspuren sind überall an den Bäumen zu entdecken. Schließlich erreicht unser Loisachweg im lichten Auwald eine Kreuzung. Nun biegen wir rechts ab und folgen dem Schild »Benediktbeuern«. Durch eine Birkenallee geht es mit Blick auf die Benediktenwand vorbei an der Moosmühle zurück

Dorfkirche St. Michael im Ort Kochel

Richtung Kloster. Kurz vor dem Ziel können wir noch die Räder stehen lassen und uns die Feuchtbiotope ansehen, die links und rechts des Weges angelegt wurden. So können wir trockenen Fußes über Stege und Brücken durchs nasse Moor streifen. Hier tummelt sich alles, was in der feuchten Natur Rang und Namen hat. Frösche sind selbstverständlich, aber es gibt auch jede Menge Krabbelgetier, Schlangen, Schmetterlinge, Vögel, Fledermäuse und vieles, vieles mehr. Vom Aussichtsturm haben wir einen schönen Ausblick auf die Klosterkirche. Dann geht es auf dem Hinweg zurück. Achtung: Je nach Wasserstand kann der Pfad am Rückweg entlang der Loisach nicht befahrbar sein. Die Loisach spült auch immer wieder Stücke des Uferweges ab.

Der Maschinenraum am 1918 bis 1924 erbauten Walchensee-kraftwerk ist frei zugänglich.

20 Um den Walchensee

Zum Wikingerdorf Flake

mittel | 32 km | 140 m | 3 Std.

Tourencharakter
Gleich zu Beginn und am Ende müssen wir zwei Steigungen bewältigen. Zwei Drittel der Strecke verlaufen auf geteerten Straßen, am Süd- und Westufer des Sees gibt es Autoverkehr.

Ausgangs-/Endpunkt
Jachenau, Schützenhaus

Geokoordinaten
47.6062, 11.4330

Anfahrt
Auto: Autobahn A95 bis Ausfahrt Sindelsdorf, über Bad Tölz nach Lenggries, dort rechts in das Tal der Jachenau, am Talende liegt das Dorf Jachenau. Großer Parkplatz am Schützenheim

Einkehr
Rund um den See gibt es jede Menge Wirtschaften, Cafés und Kioske. Sehr nett ist das Café Bucherer in der Nähe der Herzogstandseilbahn. Ganz auf Radler eingestellt ist der Selbstbedienungskiosk in Sachenbach. Hier gibt es zwar nicht viel Auswahl, aber die Kuchen sind hausgemacht und sehr lecker.

Karte
Kompass Nr. 7 Murnau, Kochel, 1:50000

Information
www.walchensee.net

Es ist vor allem die Farbe des Wassers, die zusammen mit den Bergen das Gefühl vermittelt, in Skandinavien zu sein. Hier wurden Filme wie »Wickie und die starken Männer« oder »Die Wikinger« mit Kirk Douglas gedreht.

Zum See Vom Dorf Jachenau radeln wir auf der geteerten Autostraße zum Talende. Kurz nach dem Ort wird diese Straße zur Mautstraße. Zahlen müssen aber nur die Autofahrer, Radler dürfen einfach passieren. Jetzt steigt die Straße an, aber an der Wegabzweigung nach Sachenbach, die wir ignorieren, haben wir schon den höchsten Punkt erreicht. Jetzt geht es fast eben bis zum Walchenseeufer in Niedernach. Niedernach besteht nur aus drei Häusern und einem Café. 1924 wurde hier der natürliche Walchenseeabfluss, die Jachen, durch ein Wehr versperrt, um das Wasser für das Walchenseekraftwerk durch das natürli-

Geradezu magisch blau leuchtet das Wasser des Walchensees.

che Gefälle von 200 Metern zwischen dem Walchensee und dem Kochelsee nutzen zu können. Das Wasser fließt bei Urfeld durch sechs gewaltige Rohrleitungen nach unten, um die Turbinen im Walchenseekraftwerk bei Kochel zur Stromerzeugung anzutreiben.

Rund um den See Um den See radeln wir von Niedernach aus im Uhrzeigersinn. Das ist wichtig, denn nur so sind wir dem Seeufer immer ganz nah! Dafür bleiben wir auf der Teerstraße und fahren direkt am Ufer die Mautstraße weiter. Hier am Südufer gibt es einige der schönsten Badestrände, deren Breite je nach Wasserstand des Sees stark variiert. Leider erreicht der Gebirgssee auch im Hochsommer keine wirklich lauen Badetemperaturen, aber zum Erfrischen sollten wir uns Badezeug einpacken. Über dem Ort Walchensee sehen wir den Herzogstand, dazwischen den Kesselbergsattel neben dem Jochberg. In Einsiedl ist die Mautstraße zu Ende, jetzt folgen wir der Radwegbeschilderung nach Urfeld. So umrunden wir die Halbinsel Zwergern

mit der kleinen Kirche Klösterle und sind gleich darauf im Ort Walchensee. Jetzt steht uns der ungemütlichste Teil der Strecke bevor. Wir müssen die Straße mit dem starken Ausflugsverkehr teilen und durchqueren dafür auch einige dunkle Tunnel. Soweit es die Wanderer und die parkenden Autos erlauben, weichen wir immer auf den schmalen Pfad in Ufernähe aus. In Urfeld haben wir es geschafft.

Wickie und die starken Männer

Im Ort Walchensee liegt das Wikingerdorf Flake, das wir in den Sommermonaten frei besichtigen können. Es besteht aus der Originalfilmkulisse von Michael »Bully« Herbigs Film »Wickie und die starken Männer«.

Autofrei zurück Jetzt geht es auf einer autofreien Forststraße direkt am geschützten Einlaufbecken des Kesselbergstollens vorbei. Der Walchensee ist ein beliebter Spot für Wassersportler. Jede Menge Windsurfer, Skitesurfer, Segler und Taucher tummeln sich auf und unter dem Wasser. Die am Einlaufbecken angebrachten Gitter schützen nicht nur sie, sondern verhindern auch das Eindringen großer Äste, die immer wieder im Wasser treiben. Wir erreichen Sachenbach, wo wir ein letztes Mal direkt am See pausieren können. Dann verlassen wir den See und radeln auf der schmalen Teerstraße zwischen den Bauernhäusern noch einmal aufwärts. Nach zwei Kilometern können wir uns entscheiden. Der einfache Weg führt auf dem Hauptweg weiter bis zur bekannten Mautstraße, in die wir dann links einbiegen und zurückrollen. Wer aber mit E-Bike oder Mountainbike unterwegs und sicher auf holprigem Gelände ist, dem macht die Fahrt über die Fieberkapelle und den kleinen Weiler Berg bestimmt Spaß. Dafür fahren wir auf dem Wanderweg, der mit einem kleinen weißen Schild »Jachenau« bezeichnet ist, geradeaus weiter bergauf. Es wird felsiger und nach der Fieberkapelle ziemlich holprig. Im Notfall schieben wir ein Stück. In Berg mit seinen mächtigen Bauernhöfen erwartet uns noch eine fantastische Aussicht in das Tal der Jachenau, bis wir wieder bergab direkt zurück zum Parkplatz am Schützenhaus rollen.

Das Tal der Jachenau liegt abgeschieden im Isarwinkel. Viele alte Bauernhäuser sind dort erhalten.

Rechte Seite: Die Pfarrkirche St. Nikolaus in der Jachenau

21 Um den Tegernsee

Einer der schönsten Winkel Oberbayerns

leicht | 20 km | 50 m | 2 Std.

Tourencharakter
Leichte, fast ausschließlich flache Tour, zum Großteil auf Radwegen rund um den Tegernsee. In den Orten ist vor allem an Wochenenden mit größerem Verkehrsaufkommen zu rechnen.

Ausgangs-/Endpunkt
Gmund am Tegernsee, Bahnhof

Geokoordinaten
47.7494, 11.7348

Anfahrt
Bahn: Von München über Holzkirchen Richtung Tegernsee, Haltestelle Gmund. Auto: Autobahn A 8 bis Ausfahrt Holzkirchen, auf der B 318 Richtung Tegernsee. Gmund liegt am Nordende des Sees, Parkplätze am Bahnhof oder in der Max-Obermayer-Straße

Einkehr
Viele Restaurants, Gaststätten und Cafés rund um den See

Karte
Kompass Nr. 8 Tegernsee, Schliersee, 1:50000

Information
www.tegernsee.com

Ist der Tegernsee ein Ausflugsziel? Zu verbaut, zu versnobt, zu viel Verkehr. Einiges davon mag stimmen, aber das Tegernseer Tal ist einer der schönsten Winkel Oberbayerns. Und mit dem Fahrrad erreicht man Ecken, die dem Autofahrer verborgen bleiben.

Das Nord- und Westufer Wir starten am Bahnhof von Gmund und radeln auf der Straße Richtung Bad Wiessee. Nach dem Bahnübergang beginnt auf der rechten Seite ein Radweg. Unter der Autostraße hindurch erreichen wir Gut Kaltenbrunn. Ab hier verläuft der Radweg links von der Straße. Wir passieren die Spielbank und wechseln dann kurz vor Bad Wiessee die Straßenseite. In Bad Wiessee bleiben wir zunächst auf der Hauptstraße, biegen aber dann relativ schnell links in die Anton-von-Rieppel-Straße ein. Wir halten uns rechts und fahren über die Breitenbachbrücke in die Wilhelminastraße. An ihrem Ende geht es rechts in die Adrian-Stoop-Straße zum Ortskern von Bad Wiessee. Nach dem großen modernen Brunnen am Lindenplatz biegen wir links in die Seestraße ab. Sie bringt uns in den alten Ortskern von Bad Wiessee mit seinen wunderschönen Bauernhöfen. Über den Dorfplatz erreichen wir in einem großen Rechtsbogen den Altwiesseer Weg. Er wendet sich nach links, wir fahren geradeaus weiter in den Sonnenfeldweg. Auf ihm passieren wir den Medical Park St. Hubertus; unmittelbar dahinter lohnt sich ein Abstecher zu den hübschen Fischerhäuschen und Fischaufzuchtsbecken am Ufer. Gegenüber liegt der achteckige Aquadome. Innen beeindruckt ein großes Süßwasser-Aquarium. Hinter acht dicken Glaswänden ziehen lautlos an die 20 verschiedene heimische Fischarten vorbei. Wir stehen Auge in Auge mit dicken Karpfen, Saiblingen, Forellen und Hechten. Immer am Ufer entlang erreichen wir dann die Autostraße. Hier geht es nach links; wir umrunden nun die Ringbucht und wenden uns an deren Ende erneut nach links, dem Schild »Rottach-Egern« folgend.

Von der Halbinsel Point hat man einen schönen Blick hinüber nach Rottach-Egern.

Ganz oben: Das Tegernseer Bräustüberl ist legendär und bremst uns mit Sicherheit etwas aus.

Das Süd- und Ostufer Ein schmaler Weg führt uns durch schattigen Wald über die Weißach, den Parkplatz und den Badestrand nach Rottach-Egern. Der Ort liegt malerisch am Südufer und am Fuße des Wallbergs. Kurz nach dem Luxushotel Überfahrt sind wir am Malerwinkel, von wo wir den schönsten Blick auf den Ort mit seiner Kirche St. Laurentius haben. Viele Künstler ließen sich in Rottach nieder. Im Friedhof finden wir bekannte Namen. Den Dichtern Ludwig Ganghofer und Ludwig Thoma und dem Kammersänger Leo Slezak hat man an der Uferpromenade ein Denkmal gesetzt. In Ufernähe bleibend radeln wir auf der Seestraße durch die Ortsmitte bis zur Vorfahrtstraße. Hier biegen wir links ab und radeln vorsichtig auf dem für Radfahrer freigegebenen Gehsteig weiter. Jetzt

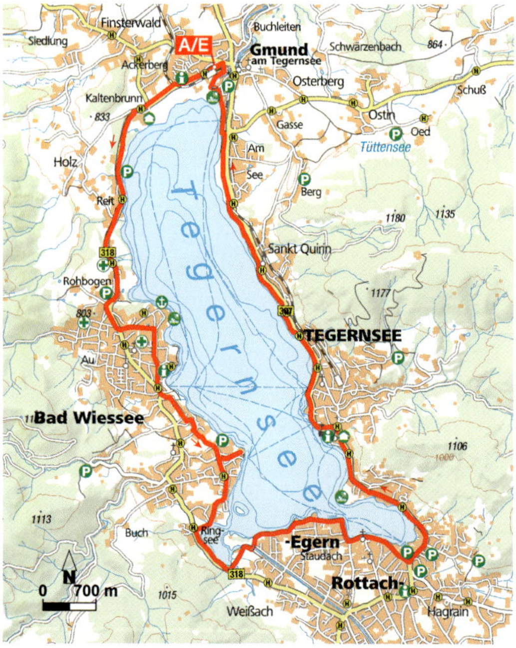

Blick vom Malerwinkel auf Rottach-Egern

sind wir schon am Ostufer. Relativ verkehrsberuhigt erreichen wir den Radwegschildern folgend über die Uferpromenade das Kloster Tegernsee. Die heutige Form und Ausstattung der Kirche entstand im Wesentlichen ab 1678 nach Plänen von Zucalli. Die Ausmalung übernahm Hans Georg Asam. Auf den Deckenbildern wird neben Szenen aus dem Leben Christi die Gründungslegende erzählt. 1803 wurde das durch die Säkularisation aufgelöste Kloster vom bayerischen Staat zuerst an Graf Drechsel-Teufstetten verkauft, der es dann an König Max Joseph I. weiterverkaufte. Der König baute das Kloster zu seiner Sommerresidenz aus. Durch seine zahlreichen Besuche und die illustren Gäste entwickelte sich damals schon ein beachtlicher Fremdenverkehr. Wir haben uns hier einen Zwischenstopp verdient. Das berühmte Bräustüberl und, im selben Haus, nur rechts neben der Kirche, das ruhigere Gasthaus Schlossbrennerei bieten sich dafür an.

Vergnügen am See

An allen ausgewiesenen Badestellen des Tegernsees können wir ins Wasser springen. In Rottach-Egern ist von Mai bis September das See- und Warmbad an der Uferpromenade geöffnet. Im Laufe des Jahres gibt es auch viele Veranstaltungen: Zu den schönsten zählen die Mongolfiade in Bad Wiessee, die Seefeste im Sommer mit Feuerwerken, Filmfestivals und der berühmte Rosstag von Rottach-Egern.

Nach der Rast folgt der letzte Tourenabschnitt. Wir müssen uns nun ein Stück der Strecke mit den Autos teilen. Der Weg führt meist am Seeufer entlang. Beachtenswert ist auf der Strecke noch die kleine Kirche St. Quirin, an der man sonst zu schnell vorbeifährt. Um die Kirche rankt sich ein schöne Legende: Um ein frühmittelalterliches Kloster berühmt und vor allem reich zu machen, bedurfte es wundertätiger Reliquien eines möglichst bekannten Heiligen. So etwas fehlte den Tegernseer Mönchen, und so baten sie in Rom um Unterstützung. 804 wurden dann die Gebeine des heiligen Märtyrers Quirinus von Italien hierhergebracht. An der letzten Rast entsprang unter dem Wagen mit dem Sarg eine heilkräftige Quelle, über die man später die Quirinus-Kirche errichtete. Kurz darauf haben wir schon wieder unseren Ausgangsort Gmund erreicht und den See einmal umrundet.

Ganz unten: Immer wieder stoßen wir auf herrliche Badestellen, wie hier am Kloster Tegernsee.

Das Olaf Gulbransson Museum steht im Kurpark im Ort Tegernsee.

22 Schwarzentennalm und Hirschberg

Gemütliche Mountainbike-Tour

schwer | 29 km | 350 m | 3 Std.

Tourencharakter
Eine sportliche Tour, denn es sind ca. 350 Höhenmeter auf ungeteerten Forst- und Almwegen zu schaffen. Das steilste Stück ist überschaubar und im Notfall zu schieben. Schwieriger ist nur die steile Abfahrt von der Schwarzentennalm ins Weißachtal.

Ausgangs-/Endpunkt
Bad Wiessee, Wanderparkplatz am Söllbachtal

Geokoordinaten
47.7022, 11.7192

Anfahrt
Bahn: Von München über Holzkirchen Richtung Tegernsee, Haltestelle Gmund, dann Radtour von dort starten (siehe Tour 21). Auto: Autobahn A 8 bis Ausfahrt Holzkirchen, auf der B 318 nach Bad Wiessee. Der Parkplatz befindet sich am Ende des Ortes.

Einkehr
Die Schwarzentennalm ist eine urige Almwirtschaft mit Selbstbedienung (Do Ruhetag); im quirligen Kurort Bad Wiessee finden wir viele Gasthäuser, Biergärten und Cafés.

Karte
Kompass Nr. 8 Tegernsee, Schliersee, 1:50 000

Information
www.bad-wiessee.de

Eine Rundtour mit sportlicher Herausforderung für den Nachmittag. Dafür werden wir mit einer idyllischen Berg- und Almlandschaft belohnt. Wir umrunden dabei den Hirschberg, der wie ein gewaltiger Wall in der Landschaft steht.

Durch das Söllbachtal Vom Parkplatz in Bad Wiessee radeln wir die sanft, aber stetig ansteigende Forststraße entlang des Söllbaches. Wir ignorieren alle abzweigenden Wege und folgen immer den Schildern »Schwarze Tenn«. Nach gut fünf Kilometern wird es steiler, und wir kommen auf unsere Mountainbike-Kosten. Den Gang zurück aufs kleinste Ritzel, und schon haben wir den höchsten Punkt der Tour erreicht. Bald weitet sich das Tal, und über sanfte Almwiesen mit herrlichem Blick auf den Doppelgipfel von Roß- und Buchstein erreichen wir die bewirtschaftete Schwarzentennalm. Hier gilt es zu entscheiden, ob wir die Rundfahrt fortsetzen oder auf demselben Weg locker zum Auto zurückrollen. Aber natürlich wollen wir zunächst einkehren, denn so viel Fleiß gehört ja belohnt.

Ins Weißachtal Setzen wir die Runde fort, bleiben wir in Fahrtrichtung und rollen an der Alm vorbei. Immer auf dem Hauptweg geht es bald flott bergab. Nach einigen Kurven sind wir schon unten im Weißachtal. Nun überqueren wir zuerst die Bundesstraße, dann den Parkplatz und anschließend die Weißach.

Leonhardifahrt

Eine der ältesten Leonhardifahrten findet jährlich am 6. November in Kreuth statt. Dabei fahren prächtig geschmückte Pferdewagen, besetzt mit Wallfahrern, dreimal um die St.-Leonhards-Kirche. Die Gläubigen bitten um Segen und Schutz für die Tiere auf ihren Höfen.

Ab hier bleiben wir immer in Flussnähe und folgen den Radwegschildern »Kreuth«. Unterhalb von Wildbad Kreuth passieren wir zuerst die Straßenbrücke nach Wildbad Kreuth und überqueren dann den Sagenbach. Nach dieser Brücke geht es scharf links und wir folgen weiter der Weißach. Mit einigem Zickzack passieren wir bald Kreuth. Ab jetzt folgen wir den Radwegschildern »Rottach«. Bald radeln wir durch die Weißachaustraße, die zur Hofbauerstraße wird und dann in den Weißachdamm übergeht. Dabei überqueren wir mehrere Straßen, aber die Weißach gibt bis zu ihrer Einmündung in den Tegernsee die Richtung vor. Den See erreichen wir am Badeplatz »Popperwiese«, eine gute Stelle, um im Sommer seine Badesachen auszupacken.

Finale am Tegernsee Für den restlichen Rückweg halten wir uns nun an die Schilder »Bad Wiessee«. So queren wir die Weißach und treffen an der Bundesstraße auf den Radweg, der rechts nach Bad Wiessee führt. Nun geht es nur noch links in die Söllbachstraße, und wir haben die letzten Meter geschafft.

Mit einem E-Bike lässt sich die Auffahrt zur Schwarzentennalm mühelos bewältigen.

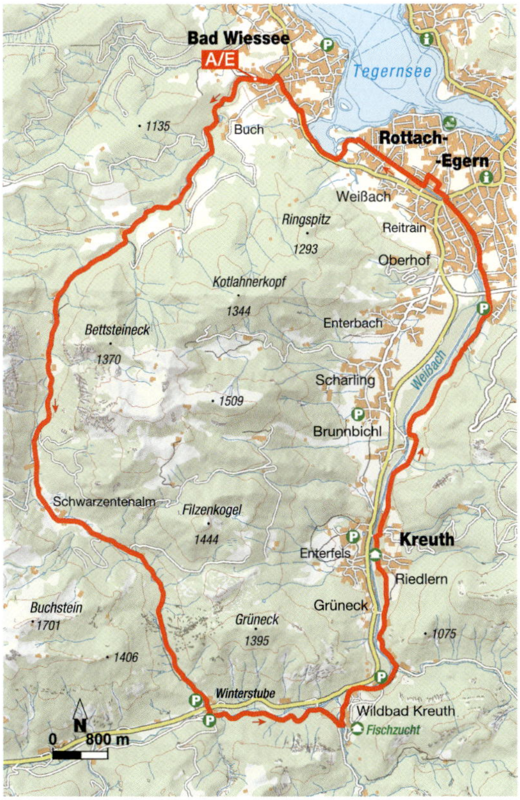

23 Von Bayrischzell nach Fischbachau

Unter dem Wendelstein

schwer | 30 km | 400 m | 3 Std.

Tourencharakter
Eine etwas anstrengende Tour, überwiegend auf verkehrsarmen Nebenstraßen und Rad- und Forstwegen. Längere Steigung vor Birkenstein

Ausgangs-/Endpunkt
Bayrischzell, Parkplatz Seeberg

Geokoordinaten
47.6712, 12.0103

Anfahrt
Bahn: Die BOB fährt täglich von München über Holzkirchen nach Bayrischzell, der Ausgangspunkt liegt ca. 400 m südlich des Bahnhofs. Auto: Auf der A 8 bis Ausfahrt Weyarn und weiter auf der B 472 und der B 307 nach Bayrischzell. Der Parkplatz befindet sich südlich des Ortes beim Sportplatz.

Einkehr
Unterwegs gibt es mehrere Möglichkeiten; das Café Krugalm, gleich nach Geitau, liegt direkt am Radweg; ein beliebtes Ausflugscafé ist auch das Café Winklstüberl.

Karte
Kompass Nr. 8 Tegernsee, Schliersee, 1:50 000

Information
www.bayrischzell.de

Inmitten schöner Bergwelt geht es entlang der Leitzach vorbei am Wendelstein. Wir besuchen die Wallfahrtskirche Birkenstein. Die Gnadenkapelle ist ganz im Stil des Rokoko ausgestattet. Wie auf einer Theaterbühne umflattern 92 Engel und Putten das Gnadenbild.

Ins Leitzachtal Vom Parkplatz Seeberg in Bayrischzell radeln wir am Sportplatz vorbei, queren nach 500 Metern auf einer Brücke die Leitzach und fahren unmittelbar danach auf einem ungeteerten Weg am rechten Ufer entlang. Bald darauf geht es erneut über eine Brücke ans linke Ufer, jetzt folgen wir immer den Schildern »Kapellentour«. Mehrere Viehgatter bremsen unser Tempo. Wir stoßen wieder auf eine Teerstraße, in die wir links einbiegen, um kurz nach den Bauernhöfen rechts den Schildern zu folgen. So kommen wir durch den malerischen Ort Geitau und überque-

Im ehemaligen Kloster von Fischbachau ist heute die Tourist-Info untergebracht.

ren die B 307. Weiter geht's neben den Eisenbahnschienen in den Wald, an der Ausflugsgaststätte Krugalm vorbei, bis wir in Stauden auf die Vorfahrtsstraße treffen. Hier fahren wir 150 Meter nach links und dann gleich wieder rechts in die kleinere Straße. Jetzt geht es parallel zur Leitzach Richtung Norden an vielen schönen Bauernhöfen vorbei. Unser Weg führt durch abwechslungsreiche Landschaft. Heckenbegrenzte Felder wechseln mit kleinen Wäldchen ab, in der Nähe der Leitzach stehen noch Auwälder. Wir bleiben auf der linken Uferseite und radeln bald an Faistenau vorbei. Kurz nach einem Bauernhof teilt sich der Weg. Wir biegen rechts ein, radeln über Mittelgschwend und von dort noch mal rechts nach Untergschwend. Knapp 300 Meter nach dem letzten Haus fahren wir an der Weggabelung nach rechts und rollen nun bequem hinunter über die Leitzachbrücke. Zu früh gefreut, denn jetzt geht es dafür geradeaus auf dem Wanderweg bergauf nach Elbach.

Trachtenwallfahrt

Jedes Jahr zu Mariä Himmelfahrt, am 15. August, findet an der Wallfahrtskirche Birkenstein eine große Trachtenwallfahrt statt.

Der Peterhof, ein ehemaliges Bauernhaus in Bayrischzell

Hinter dem Schmiedwirt mit seinen herrlichen Lüftlmalereien stoßen wir schließlich auf die große Hauptstraße. Auf ihr fahren wir nach rechts weiter und dann auf dem parallel dazu verlaufenden Radweg nach Winkl.

Das Winklstüberl Einen Stopp sollten wir dort im legendären Café Winklstüberl einlegen. Die Kuchenstücke sind überdimensioniert und gleichen unseren Kalorienverbrauch mit nur einer halben Portion wieder aus. Gut gestärkt erreichen wir über Marbach den Ort Fischbachau, wo wir links zur Wallfahrtskirche Birkenstein hinaufradeln. Eine Besichtigung lohnt sich: Die vielen Votivbilder beweisen, welche Bedeutung die Wallfahrt bis heute hat. Nach der Besichtigungspause geht es auf der Birkenstraße weiter bergauf, dann folgen wir dem Schild »Waldlehrpfad Hammer – Geitau – Bayrischzell«. Noch einmal steigt der Weg an und wird zu einem Forstweg mit Schranke. An der nächsten Weggabelung halten wir uns rechts.

Jetzt geht es durch den Wald über Serpentinen abwärts. Wir überqueren einen kleinen Bach und folgen nun wieder den Schildern »Kapellentour«.

Von Dorf nach Bayrischzell Parallel zu den Gleisen radeln wir durch den Weiler mit dem einfallsreichen Namen »Dorf«. Dort halten wir uns vor der Bahnüberquerung links und fahren auf dem schmaleren Weg unter der Wendelstein-Seilbahn hindurch. Am Bahnhof von Osterhofen können wir unsere Beine in der Kneippanlage erfrischen. Weiter folgen wir unserer »Kapellentour« und überqueren dabei die B 307 geradeaus. Bald treffen wir wieder auf die Leitzach; diesmal geht es links über die Brücke, bis wir auf unseren alten Weg stoßen, der uns zum Parkplatz zurückbringt.

Manchmal wird es schwierig, im Café Winklstüberl einen Platz zu ergattern. Die tollen Backkünste sind längst kein Geheimtipp mehr!

Links: Der Seebergkopf und die Berge um den Spitzingsee aus dem Leitzachtal

Linke Seite unten: Der geschmückte Außenaltar an der Wallfahrtskirche Mariä Himmelfahrt in Birkenstein

24 Um Miesbach

Zwischen Mangfall und Tegernsee

mittel	22 km	200 m	2.15 Std.

Tourencharakter
Etwas hügelige Rundtour um Miesbach, meist auf kleinen, wenig befahrenen Teerstraßen und Radwegen

Ausgangs-/Endpunkt
Miesbach, Bahnhof

Geokoordinaten
47.7905, 11.811

Anfahrt
Bahn: Im 40-Minuten-Takt fährt die BOB von München nach Miesbach. Auto: Autobahn A 8 bis Ausfahrt Miesbach, der Bahnhof liegt im Zentrum. Parken am Eisstadion

Einkehr
In Miesbach gibt es viele Einkehrmöglichkeiten, Biergärten, bayerische Wirtshäuser, Eisdielen und Cafés. Auf der Strecke selbst keine

Karte
Kompass Nr. 182 Isarwinkel, Bad Tölz, Lenggries, 1:50 000

Information
www.miesbach.de

Miesbach ist eine lebendige Kleinstadt mit pfiffigen Cafés, abwechslungsreichen Veranstaltungen und traditionellen Trachtengeschäften. Umgeben von hügeligem Voralpenland, der Schlierach und der Mangfall ist sie ein idealer Ausgangspunkt für Radtouren.

Hügel mit Aussichtsfaktor Vom Miesbacher Bahnhof wenden wir uns nach Süden und wählen die Rathausstraße, die zur Haidmühlstraße wird. Vorbei an der evangelischen Kirche, der Musikschule und dem Gymnasium geht es stadtauswärts. Am

In Miesbach lassen sich viele nette kleine Ecken und Winkel entdecken.

Ende folgen wir rechts der Vorfahrtsstraße und überqueren die Eisenbahnschienen. Unmittelbar danach biegen wir links ein, radeln unter der Bundesstraße durch, und aufwärts geht es Richtung Hausham. Wir gewinnen rasch an Höhe und erreichen jetzt mehrere, meist nur aus einem großen Bauernhaus und Austragshäuschen bestehende Weiler. So passieren wir Stoib und Schönberg und stoßen in Gieshof an eine kleine T-Kreuzung. Von der kleinen Kirche am Wegrand haben wir einen herrlichen Blick in die Tegernseer und Schlierseer Berge. Auf dem Fahrrad geht es im leichten Auf und Ab nach links. Bei Waldhof biegen wir rechts Richtung »Gmund, Grund, Waldhof« ein, und dann fahren wir – bitte vorsichtig fahren – sehr steil

Ganz unten: Steil geht es an der Kapelle vorbei abwärts ins Tal der Mangfall.

Wasserschloss bei Miesbach

nach unten. Immer noch hügelig geht es ins Tal der Mangfall.

Durch das Mangfalltal Am Bauernhof Berg halten wir uns rechts und stoßen erneut auf eine Teerstraße. Hier verläuft auch der Münchner Wasser-Radweg, dem wir nun nach rechts folgen. Jetzt geht es gemütlich

Kaffeepause

Mitten in Miesbach gibt es das nette kleine Café Elisabeths Platzerl am Stadtplatz, eines der gemütlichsten Kaffeehäuser und ganz im Shabby Chic gehalten.

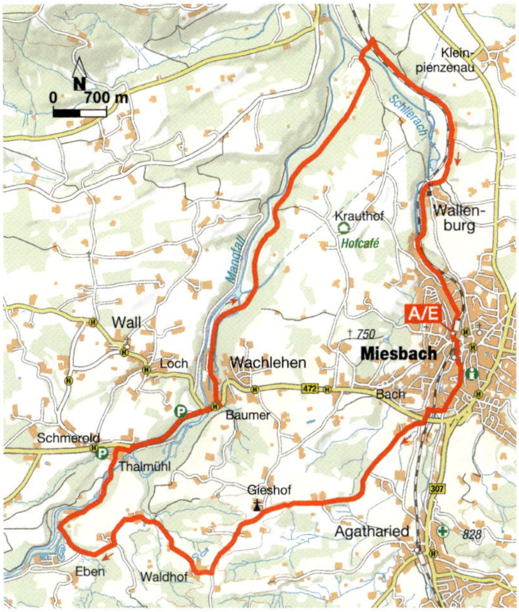

parallel zur Mangfall dahin. Am Sägewerk der Thalmühle folgen wir rechts dem Radweg, der uns rasch zur Mangfall bringt. Wir überqueren sie und biegen gleich dahinter links ein. Schnell lassen wir das ziemlich heruntergekommene Industriegebiet Müller am Baum hinter uns. Danach geht es wieder auf einem herrlich schattigen Radweg Richtung Norden. Die Mangfall fließt in unserer Nähe, auch wenn wir sie zunächst gar nicht sehen. Dann erreichen wir das runde Wasserschloss mit der Brücke über die Schlierach. Wir radeln über den kleinen Zustrom, bleiben geradeaus und überqueren gleich danach die Gleise der Oberlandbahn. Unser Radweg verläuft nun nach rechts entlang der Gleise, und wir erreichen über Wallenburg und eine schöne Allee wieder die ersten Häuser von Miesbach. Wenn wir nun stets in Gleisnähe bleiben, sind wir rasch wieder zurück am Bahnhof.

Die Mangfall bietet wunderbare Rastplätze.

Linke Seite: Die Allee beim Schloss Wallenburg passieren wir am Rückweg.

25 Von Aying nach Altenburg

Für einen Sommernachmittag

mittel | 39 km | 300 m | 4 Std.

Tourencharakter
Eine anfangs ganz flache Radtour, überwiegend durch schattige Wälder. Nach längerem Regen sind die Waldböden feucht und entsprechend weich. Am Ende der Tour gibt es einige minimale Steigungen zu bewältigen.

Ausgangs-/Endpunkt
Aying, Bahnhof

Geokoordinaten
47.9688, 11.7699

Anfahrt
Bahn: S7 von München nach Aying. Auto: Autobahn A8 bis Ausfahrt Hofoldinger Forst/Sauerlach, Weiterfahrt über Faistenhaar nach Aying

Einkehr
In Aying gibt es weit bekannte und gute Wirtshäuser mit Biergärten: das Bräustüberl und gleich daneben das neue, etwas gehobenere Restaurant August und Maria. Fast am Bahnhof liegt der Kastanienhof.

Karte
Kompass Nr. 181 Rosenheim, Bad Aibling, 1:50000

Information
www.aying.de

Diese Tour ist für alle genau richtig, die den Wald lieben. Selbst an einem heißen Julitag bieten die Bäume angenehmen Schatten, zudem warten zwei Badeseen auf uns. Am Ende der Tour gehen wir dem liebsten Hobby der Bayern nach: einem Besuch im Biergarten.

Das Geräumt Wir starten am Bahnhof von Aying und radeln auf der Straße parallel zu den Gleisen in Richtung München. Unsere Straße mündet am Bahnübergang in die Münchner Straße, in die wir rechts einbiegen. An der Ayinger Erlebnisbrauerei vorbei folgen wir im Dorf nicht der Vorfahrtsstraße, sondern biegen links in den Siegertsbrunner Weg. Schon verlassen wir auf einem Feldweg Aying. Am Wegkreuz und der darauffolgenden Gabelung halten wir uns jeweils links und radeln so in den Wald. An einem Zaun und dem Wasserreservoir folgen wir dem

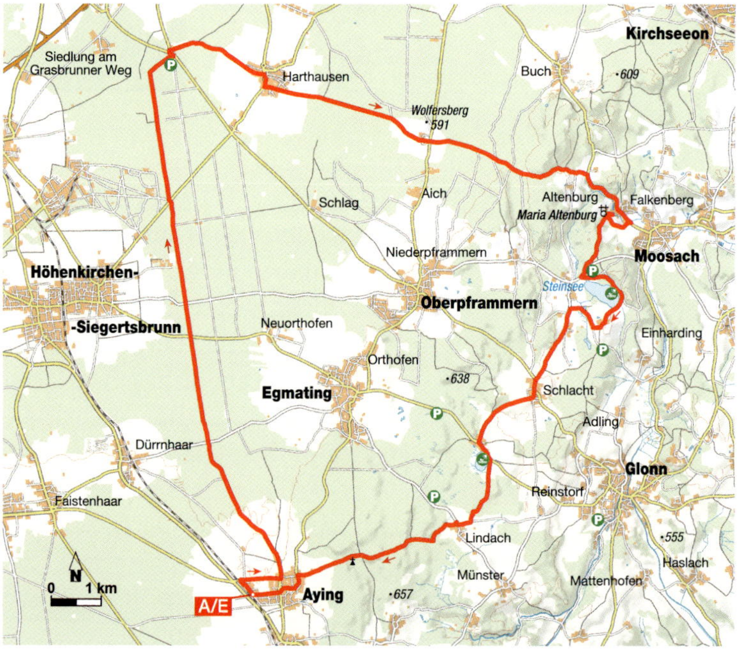

Rechtsknick, und nun geht es stur für die nächsten acht Kilometer immer geradeaus durch den Wald. Dabei überqueren wir vier Autostraßen und jede Menge Forstwege – ein wunderbarer Weg vor allem im Frühjahr, wenn der Wald in frischem zartem Grün steht, oder im Herbst, wenn die Blätter in allen Farben leuchten.

Die Pfarrkirche St. Andreas von Aying hinter einem Tulpenfeld

Hier im Höhenkirchener Forst wurden, wie in den meisten bewirtschafteten Wäldern, die Waldwege im rechten Winkel angelegt. Dies geht auf den königlichen Forstbeamten Mathias Schilcher zurück, der die Forstwirtschaft Anfang des 19. Jahrhunderts reformierte. Er gliederte den königlichen Forst in übersichtliche Parzellen und ließ Bewirtschaftungswege in den Wald schlagen. Die Wege wurden geräumt, also von Holz befreit. Das erleichterte die Waldarbeiten, und der Abtransport des Holzes wurde vereinfacht. Nach insgesamt zwölf Kilometern gibt es für uns eine kleine Abwechslung. Unsere Straße wendet sich nach rechts, und wir stoßen auf die große Staatsstraße. Wenige Meter geht es nach links und dann gleich nach rechts (Schild »Grasbrunn«). Noch vor dem ersten Haus biegen wir erneut nach rechts auf einen landwirtschaftlichen Weg zwischen Wiese und Wald.

Zur Wallfahrtskirche Kurze Zeit später erreichen wir die große Dorfstraße von Harthausen. Wir radeln nach rechts, an der Kirche und dem Wasserturm vorbei, und biegen am Ortsausgang links ab. An der Gabelung geht es nochmals links in die Straße nach Wolfersberg. Nun sind wir auf dem Panorama-Radweg Isar-Inn, der in München startet und nach Wasserburg führt. Wieder durch den Forst erreichen wir auf einer riesigen Lichtung das ehemalige Gut Wolfersberg, das heute in schicke Eigentumswohnungen umgebaut ist.

Unmittelbar nach dem Gut überqueren wir wieder geradeaus eine Autostraße und folgen dem Schild »Schattenhofen«. Jetzt wird es zur Abwechslung ein wenig hügelig. Leicht abwärts erreichen wir bei Schattenhofen eine Autostraße. Wir fahren nach links die wenigen Meter zur nächsten größeren Autostraße und biegen rechts ab. Jetzt geht es steil bergab, an Fischweihern vorbei, und schon sind wir bei den ersten Häusern von Moosach.

Nach der Angermühle geht es nach rechts, die Wallfahrtskirche Maria Altenburg ist ausgeschildert. Ein Kreuzweg begleitet uns auf der Fahrt nach oben. Wer seine Beine motivieren möchte: Es sind 14 Stationen. Am kleinen Parkplatz, zu dem wir nach der Besichtigung zurückkommen, geht es rechts zur Wallfahrtskirche. Maria Altenburg wurde auf den Resten der Burgkapelle der Altenburg erbaut. Im Laufe der Jahrhunderte wurde das Gotteshaus oft umgebaut und erweitert. Um 1711 ist der schöne Stuck entstanden, der sich von den zartrosa eingefärbten Decken und Fresken abhebt. Am prachtvollen Stuckmarmoraltar finden wir das Gnadenbild, die gekrönte Muttergottes mit dem Jesuskind.

Brauereiführung

Die Brauerei in Aying kann man am Dienstag um 11 Uhr, am Donnerstag um 18 Uhr und am Samstag um 10 Uhr besichtigen. Sonntagsführungen mit anschließendem Frühschoppen gibt es jeden ersten Sonntag im Monat um 10 Uhr. Jedes Jahr im Oktober feiert die Brauerei Aying mit Blasmusik, Bierzelt und großem Bauernmarkt das eintägige Bräu-Kirta-Fest.

Zwei Badeseen Zurück am Parkplatz haben wir den ansteigenden Weg noch nicht ganz geschafft. Wir folgen dem Weg nach Süden weiter bergauf in den Wald. Diesmal fallen uns die schönen, hellen, oft mächtigen und knorrigen Buchenbäume ins Auge. Unser Forstweg endet an einer Autostraße, in die wir wenige Meter nach rechts einbiegen, um dann gleich der Beschilderung links zum Steinsee zu folgen.

Im Biergarten am Gasthof Aying lassen wir den Tag ausklingen.

Entweder können wir hier im Familienbad ins Wasser springen oder wir radeln weiter auf dem Waldweg in Ufernähe um den See. Die meisten Uferstellen am Steinsee sind geschützt und dürfen nicht betreten werden. Doch am südlichen Ende finden wir ein schattiges Plätzchen mit offenem Badezugang und Steg. Danach steigt die Straße nach Oberseeon an, und dann rollen wir auf der Teerstraße durch eine Allee hinab zur großen Autostraße bei Niederseeon, auf die wir links abbiegen. Bis Schlacht sind es keine zwei Kilometer. In der Dorfmitte am kleinen Weiher steuern wir unser Fahrrad nach rechts, den Wegweisern nach Kastenseeon folgend. Dort angekommen, biegen wir links in die Hauptstraße ein und erreichen den Kastenseeoner See, den viele nur Kastensee nennen. Unmittelbar am Ortsausgang biegen wir rechts in den Feldweg und haben hier nochmals Gelegenheit zum Baden.

Ab in den Biergarten Der Weg führt zunächst am See entlang und dann durch den Wald. Bei den vielen Abzweigungen leitet uns das kleine gelbe »W«-Symbol nach Lindach. Dort queren wir die Dorfstraße leicht rechts versetzt. Zur letzten Etappe geht es hier am schönen Wegkreuz geradeaus in den Wald mit der Beschilderung »Fußweg nach Aying«. Der Forstweg wechselt ein paar Mal die Richtung, am einfachsten radeln wir immer dem gelben Zeichen nach. Ein Anstieg steht nun zum letzten Mal an. Wir passieren die aus Tuffstein errichtete Grotte, die in einer kleinen Holzkapelle versteckt liegt. Sie wurde zum Gedenken an die bei Waldarbeiten tödlich verunglückte Ayingerin Maria Pichler errichtet. Danach kommen wir aus dem Wald nach Aying. Direkt an der Kirche liegen die beiden ersten Biergärten, der dritte ist am Bahnhof. Nach der Tour ziehen sie uns geradezu magisch an. Zum Wohl!

26 Von Bad Aibling nach Bad Feilnbach

Moorbäder, Dinosaurier und ein Maler

mittel | 38 km | 140 m | 4 Std.

Tourencharakter
Eine sonnige, fast flache Tour, überwiegend auf Radwegen und verkehrsarmen Nebenstraßen. Viele interessante Zwischenstopps sind möglich.

Ausgangs-/Endpunkt
Bad Aibling, Bahnhof

Geokoordinaten
47.8623, 12.0042

Anfahrt
Bahn: Von München über Holzkirchen nach Rosenheim, Haltestelle Bad Aibling. Auto: Autobahn A 8 bis Ausfahrt Bad Aibling, der Bahnhof ist ausgeschildert. Auf seiner Südseite liegen Parkplätze.

Einkehr
Unterwegs verdurstet und verhungert niemand. Bad Feilnbach: Mit sehr nettem Biergarten und hübsch dekorierter Gasthausstube gibt es im Gasthof Pfeiffenthaler leckere bayerische Küche; bei Wiechs: Gasthof Moosmühle, schöner Spielplatz, gute Küche mit heimischen Produkten; Kleinholzhausen: Gasthof Neiderhell am Dinosauriermuseum

Karte
Kompass Nr. 8 Tegernsee, Schliersee, 1:50000

Information
www.bad-feilnbach.de

Diese Tour entlang der Nordseite des Wendelsteins besticht durch ihre abwechslungsreiche Landschaft. Die Gegend ist für ihren Obstanbau und die Moore bekannt und bietet zu jeder Jahreszeit andere Eindrücke.

Nach Bad Feilnbach Wir starten am Bahnhof in Bad Aibling und fahren Richtung München zum Bahnübergang, überqueren die Gleise und biegen gleich danach rechts in den Radweg ein. Herrlich verkehrsberuhigt radeln wir immer auf dem Radweg und kommen durch eine Unterführung nach Willing. Wir sind

jetzt auf dem Wilhelm-Leibl-Weg. Der Maler Wilhelm Leibl lebte von 1892 bis 1900 im nahen Ort Kutterling. In der Umgebung entstanden herrliche Porträts und Landschaftsbilder, oft gemeinsam mit seinem Freund Johann Sperl. Im Aiblinger Heimatmuseum sind seine Wohnstube und das Atelier zu besichtigen. Unser Radweg ist von stattlichen Ahornbäumen gesäumt. Wir passieren Berbling, dessen Wallfahrtskirche durch das Bild »Die drei Frauen in der Kirche« von Wilhelm Leibl weltberühmt wurde. Immer geradeaus durch unsere Allee erreichen wir Dettendorf. Wir überqueren die Autostraße und radeln dann unter der Autobahn hindurch. Immer noch folgen wir der Be-

Linke Seite: Auf dem Weg nach Au

Unten: Zum Feilnbacher Apfelmarkt gibt es jedes Jahr eine große Erntedankkrone.

Urweltmuseum Neiderhell

Das Urweltmuseum Neiderhell (Steinbruckerstraße 4, Kleinholzhausen, geöffnet Sa, So, Feiertag 11–16 Uhr, Do und Fr 10–14 Uhr) wurde 2001 eröffnet und ist in privater Hand. Neben Ammoniten, Dinosauriereiern und Fossilien, unter ihnen der seltene Kugelzahnfisch, sind versteinerte Bäume und eine riesige Mineraliensammlung auf 460 Quadratmetern ausgestellt.

schilderung »Bad Feilnbach«. Am Waldrand halten wir uns links und radeln durch den Ort Au. Die Hauptstraße überqueren wir am Café Alm, dann halten wir uns rechts durch die Heubergstraße. Mit einem Links-rechts-links-Knick geht es zu den Sportstätten und zum Freibad. Dort radeln wir mit der Beschilderung über Wiesen nach Bad Feilnbach. Am Campingplatz folgen wir rechts dem Jenbach in die Feilnbacher Ortsmitte.

Durch das Moor Für die Rückfahrt starten wir in der Ortsmitte am Rathaus und radeln in die Bahnhofstraße. Nach 300 Metern folgen wir rechts dem Radwegschild über die kleine Brücke des Kaltenbaches. Harmonisch liegt die Kirche von unserem nächsten Etappenziel Wiechs in der flachen Ebene des Feilnbacher Moores. St. Laurentius und St. Sixtus sind die beiden Patrone, ihr Bild ist auf dem Altarblatt am Hochaltar zu finden. Wir durchradeln den Weiler geradeaus und folgen der Beschilderung »Kleinholzhausen«. An der T-Kreuzung wenden wir uns nach links und können am Ende einen Abstecher zum Lehrpfad Sterntaler Filze unternehmen. Falsch fahren ist kaum möglich, wir folgen dem Rechtsknick der Straße, und weiter geht es der Beschilderung »Kleinholzhausen/Kirchdorf« nach. So sind wir schnell in Kleinholzhausen. Das Urweltmuseum befindet sich direkt neben dem Gasthof Neiderhell, zwei riesige Dinosaurierskulpturen weisen den Weg in das unterirdische Museum.

Langsam erobert sich das Moor seinen Raum zurück.

Eine riesengroße Zwiebel Für den Weiterweg folgen wir noch ein Stück der Beschilderung »Kirchdorf«, biegen jedoch dann an der Kreuzung links in die Fahrstraße mit der Bezeichnung »Radweg Nr. 37« nach Spöck und Nicklheim ein. Wieder durch den Wald sind wir schon bald an den Sportplätzen von Nicklheim. Wir bleiben weiter in Richtung Norden, fahren durch den Wald (Weg Nr. 37), passieren in der Pangstraße einige Häuser und überqueren dann die Autobahn. Jetzt erreichen wir Westerndorf mit seiner auffälligen barocken Kuppelkirche St. Johann Baptist.

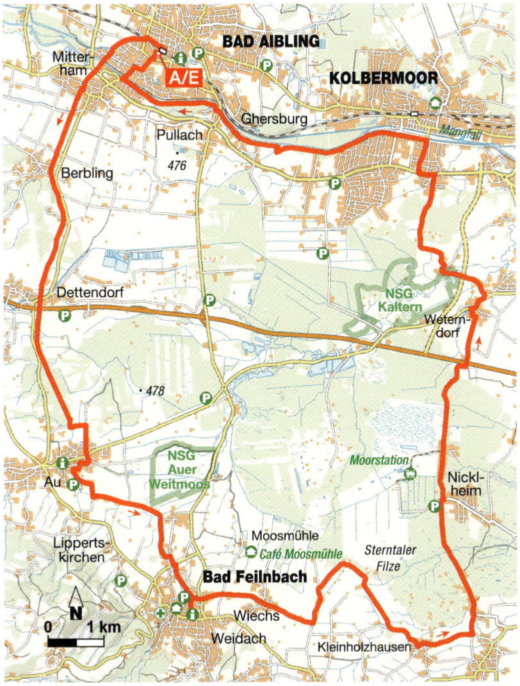

Zurück nach Bad Aibling

Auf der Hauptstraße im Dorf radeln wir zunächst ein Stück nach rechts, Richtung Pang, biegen dann aber gleich links ab in die kleine Teerstraße Richtung »Oberkaltbrunn/Schlipfham«. Ein Stück geht es wieder am Kaltenbach entlang. Die Industriegebäude passieren wir rasch, und schon geht es an großen Höfen vorbei über die Feldwege auf unserem Weg Nr. 37 nach Mitterhart. Unser Weg endet an der Bundesstraße. Wir wenden uns nach links und überqueren die Bundesstraße an der Ampel. Nun sind wir in Kolbermoor. Durch das Einkaufszentrum kommen wir an den ehemaligen Arbeiterhäusern der alten Spinnerei vorbei an das Mangfallufer. Vor der Brücke biegen wir links ein und bleiben nun fast sieben Kilometer auf dieser Flussseite. So erreichen wir Bad Aibling. Wir müssen nur noch über die Brücke den Fluss queren und kommen so durch die Willinger Straße und die Westendstraße zum Bahnhof zurück.

Bei Litzldorf

Ganz oben: Die ehemalige Spinnerei in Kolbermoor ist heute ein schickes Industrieviertel mit Läden, Bars und Restaurants.

27 Rund um Riedering

Südlich des Simssees

mittel | 23 km | 250 m | 2.30 Std.

Tourencharakter
Aussichtsreiche Rundtour auf zum Teil ungeteerten Radwegen und Nebenstraßen. Anfangs viele Hügel und Steigungen, ab Söllhuben dann abwärts und fortan ebene Strecken!

Ausgangs-/Endpunkt
Riedering, große Straßenkreuzung

Geokoordinaten
47.8385, 12.2076

Anfahrt
Auto: Autobahn A8 bis Ausfahrt Rohrdorf, weiter zum Südende des Simssees nach Riedering. Parkmöglichkeiten hinter der Gemeindeverwaltung an der Schule

Einkehr
Söllhuben: großer und traditionsreicher Gasthof Hirzinger; Riedering: das bayerische Gasthaus Alter Wirt oder die italienische Osteria La Pignata

Karte
Kompass Nr. 792 Chiemsee, Simssee, 1:25000

Information
www.simssee.org

Der ganze Chiemgau ist hügelig, das können wir immer wieder feststellen. So kostet uns auch diese Tour einiges an Kraft. Dafür werden wir mit herrlichen Ausblicken verwöhnt. Dazwischen liegen ruhige Weiler, ein weiterer Badesee und ein wildromantisches Tal.

Über den Tinninger See ins Aubachtal An der großen Straßenkreuzung in Riedering beginnen wir unsere Tour und wenden uns nach Westen in Richtung Niedermoosen. Wir passieren die Kirche, verlassen den Ort und biegen dann an der nächsten Möglichkeit beim Wertstoffhof links ab. Über die Felder erreichen wir Gögging. Wir wenden uns in der Ortsmitte nach links und umradeln nun leicht bergab den kleinen Tinninger See, der zu einer ersten Badepause lockt. Vom Badeplatz an seinem Ostufer radeln

Oberhalb von Söllhuben genießen wir eine wunderbare Aussicht.

Zum Auslauf der Sims aus dem Simssee führt ein Fußweg.

wir dann zur Autostraße hinauf. Auf dem Radweg kommen wir nach links zum Sportplatz. Unmittelbar nach dem Sport- und Parkplatz biegen wir rechts ein, und dann geht es am Aubach entlang in ein idyllisches kleines Tal. Hier herrscht schlagartig Ruhe, nur ein paar Vögel zwitschern, und der Aubach plätschert leise vor sich hin. Fast wie auf einer Alm fühlen wir uns, ist das Tal doch durch Hügel begrenzt.

Bergauf nach Söllhuben Viel zu schnell haben wir den schönen Streckenabschnitt hinter uns gelassen und stoßen an eine Teerstraße. Wenige Meter geht es nach rechts zur größeren Autostraße. Dieser müssen wir nun etwas schnaubend nach links bergauf folgen. Bald

Einkehr oder Picknick

In Söllhuben lohnt sich die Einkehr im Gasthaus Hirzinger. Wer jedoch seine eigene Brotzeit mitgebracht hat, fährt über die Kapellenstraße noch hinauf zum schönsten Aussichtspunkt über die Gegend. An der kleinen Kapelle mit ihrer mächtigen Linde genießen wir dann die Pause erst recht.

Ausblick auf Wendelstein und Breitenstein bei Söllhuben

hinter den Häusern von Aichen passieren wir noch die Abzweigung nach Patting und biegen dann links ab. Der steile Anstieg hat sich gelohnt, denn die Aussicht ist wunderschön. Jetzt radeln wir an Hetzenbichl vorbei nach Kohlstatt. Im Ort geht es nach links und dann über Felder im leichten Auf und Ab nach Söllhuben. Wir dürfen uns weiter über die schönen Aussichten und auf eine Einkehr im großen Landgasthof Hirzinger freuen, der gegenüber der Söllhubener Kirche liegt.

Hinunter zum See Nach der verdienten Pause geht es an den Simssee, und zum Glück stehen keine weiteren Steigungen mehr auf dem Programm. Wir radeln noch am Gasthof vorbei und biegen dann am Ortsende links in die Schaidringer Straße ein, die uns bergab nach Wolferkam führt. In Wolferkam geht es durch den Ort und

dann auf der Straße nach Abersdorf, wo wir links nach Beuerberg weiterfahren. Dort biegen wir links auf den Radweg, der nach Riedering beschildert ist. Jetzt radeln wir parallel zur Autostraße, nach rechts ist ein Abstecher zum Simsseer Badegelände möglich. Der Radweg führt uns durch Ecking. An der Vorfahrtsstraße im Ort geht es nach rechts, und wir treffen wieder auf die Autostraße, die wir geradeaus überqueren. Der Radweg wendet sich nach links und bald nach rechts. Bevor wir die Sims überqueren, geht es dann endgültig nach links, und wir radeln entlang des Rotbaches nach Riedering zurück. An der Hauptstraße geht es kurz nach links, und wir sind wieder in der Ortsmitte.

Bäume am Simsseer Ufer

Ganz oben: Der Tinninger See bei Riedering ist wesentlich unbekannter als der nahe gelegene Simssee.

28 Am Chiemsee-Nordufer

Die schönsten Seiten des Bayerischen Meers

leicht | 13 km | – | 1.15 Std.

Tourencharakter
Eine einfache und ebene Radtour. Die Rückfahrt erfolgt auf demselben Weg oder besser mit dem Schiff. Vorsicht, nicht jedes Schiff befördert Räder. Abfahrtszeiten vorab recherchieren! Auf den Inseln ist das Radfahren verboten, Räder am Steg abstellen. Badesachen und Fahrradschlösser nicht vergessen.

Ausgangs-/Endpunkt
Prien, Ortsteil Stock

Geokoordinaten
47.8608, 12.3651

Anfahrt
Bahn: Prien liegt an der Bahnstrecke München–Rosenheim–Salzburg. Kurze Anfahrt durch die Seestraße zum Hafen in Stock. Auto: Autobahn A 8 bis Ausfahrt Bernau und weiter nach Prien. Im Ortszentrum rechts nach Stock. Parkplätze vorhanden.

Einkehr
Unterwegs treffen wir auf jede Menge Biergärten, Strand-Cafés und Restaurants.

Karte
Kompass Nr. 16 Traunstein, Waginger See, 1:50 000

Information
www.prien.de, www.chiemsee-schifffahrt.de

Nirgends sonst erlebt man den Chiemsee so unmittelbar und vielfältig. Die Radtour führt meist dicht am Ufer entlang und schenkt uns herrliche Ausblicke auf die Chiemseeinseln. Bei der Kürze der Tour bleibt noch genügend Zeit, die Herren- und die Fraueninsel zu besichtigen.

Zur Schafwaschener Bucht Wir beginnen unsere Radtour am kleinen Bahnhof der Bockerlbahn in Prien-Stock. Wir radeln in Richtung Freizeitbad Prienavera, den See zu unserer rechten Seite. Hier beginnt der Chiemsee-Uferradweg, der uns bis Gstadt bringen wird. Gleich zu Beginn erhaschen wir einen wundervollen Blick hinüber zur Herreninsel, wo wir durch eine künstliche Schneise das Königsschloss sehen. Das war von König Ludwig II. durchaus so gewollt. Man sollte sein Schloss von Weitem bewundern können. Näher durfte man allerdings nicht kommen, die Insel war zu seiner Zeit für jeden Besuch gesperrt.

Wir passieren die Fischräucherei Winklfischer und kommen zur Fischhüttn. Beides sind einfache Fischgaststätten mit Selbstbedienung, die aber unglaublich guten und absolut fangfrischen Fisch aus dem See bieten. Wir können sie uns für den Rückweg vormerken. Bei der Fischhüttn knickt der Weg links vom See ab, wir treffen auf die Kläranlage, die wir nach rechts umfahren. Dann radeln wir wieder parallel zum Seeufer durch eine Birkenallee über den verlandeten Seegrund. Auf einer hohen Brücke überqueren wir einen Seitenarm der Prien, danach geht es nach links zwischen den beiden Prienarmen zur nächsten Brücke, die uns über den Hauptarm der Prien bringt. Die Prien hat hier eine große Landzunge angeschwemmt, die im Sommer als Badeplatz sehr beliebt ist. So kommen wir nach Norden bis Schafwaschen. Am Gasthof Seehof vorbei erreichen wir eine Teerstraße, neben der wir einen knappen Kilometer entlangradeln müssen. Wir stoßen auf die Hauptstraße von Rimsting nach Seebruck, und dann hat der Autoverkehr auch schon ein Ende. An der Einmündung

steht rechts ein Ferienhaus der Bayerischen Landesbank. Dahinter beginnt ebenfalls rechts wieder der Radweg durch das Schilf zur Halbinsel Sassau. Der Teil des Sees, den wir nun umradelt haben, wird Schafwaschener Bucht genannt. Hier ist das Wasser sehr flach und damit schon im Frühsommer angenehm warm, ideal für eine Badepause.

»Sacherl« nennt man im Chiemgau liebevoll einen Kleinstbauernhof, wie hier in Weingarten bei Breitbrunn.

Ganz oben: Der Rundweg mit dem Fahrrad um den Chiemsee ist wunderschön.

Entscheidung in Gstadt An einem Wanderparkplatz überqueren wir die Zufahrt nach Sassau, eine Halbinsel, die weit in den Chiemsee hineinragt und die wir leider nicht betreten dürfen. Wir bleiben also geradeaus auf dem Uferweg stets in Seenähe. Kurz danach biegen wir rechts in das Landschaftsschutzgebiet ab. Am Seeufer entlang passieren wir in Keilbach ein paar Fischerhäuser, die sich zu respektablen Pensionen gemausert haben. Weiter geht es am Ufer um die Spitze der Halbinsel Urfahrn. Wir sind jetzt genau gegenüber der Herreninsel, durch die

Bäume schaut der alte Inseldom zu uns herüber. Ein Gedenkstein erinnert daran, dass von hier aus König Ludwig II. zum ersten Mal auf die Insel übergesetzt ist. Weiter am Ufer entlang passieren wir das Café-Restaurant Oberleitner und einige prächtige Villen, die schon zu Breitbrunn gehören.

Dann kommen wir nach Gstadt, wo wir uns entscheiden müssen. Entweder setzen wir von hier mit dem Schiff auf die Inseln hinüber, oder wir radeln noch 8,5 Kilometer weiter. Immer am See entlang kommen wir so über Schalchen, Mitterndorf, Gollenshausen und Lambach nach Seebruck. Dann haben wir die Nordspange um den See geschafft.

Schifffahrt

Die Abfahrtszeiten der Schiffe in Gstadt, auf der Fraueninsel und auf der Herreninsel sollte man unbedingt vor Beginn der Radtour erfragen. Das Schiff verkehrt ab Seebruck nur von Mitte Mai bis Ende September.

Die Fraueninsel Mit dem Schiff geht es zur Fraueninsel. Egal, ob man rechts oder links um die Insel geht, alle Wege führen zur altehrwürdigen Abtei der Benediktinerinnen, die ihren historischen Ursprung im ausgehenden ersten Jahrtausend hat. Die Torhalle stammt noch aus dem 8. Jahrhundert Sie ist der älteste Steinbau Bayerns. Auch der Campanile neben dem Münster blickte bereits im 12. Jahrhundert als Wehrturm über den See. Nicht vergessen sollte man, den höchsten Punkt der Insel mit seinen uralten Linden zu besuchen.

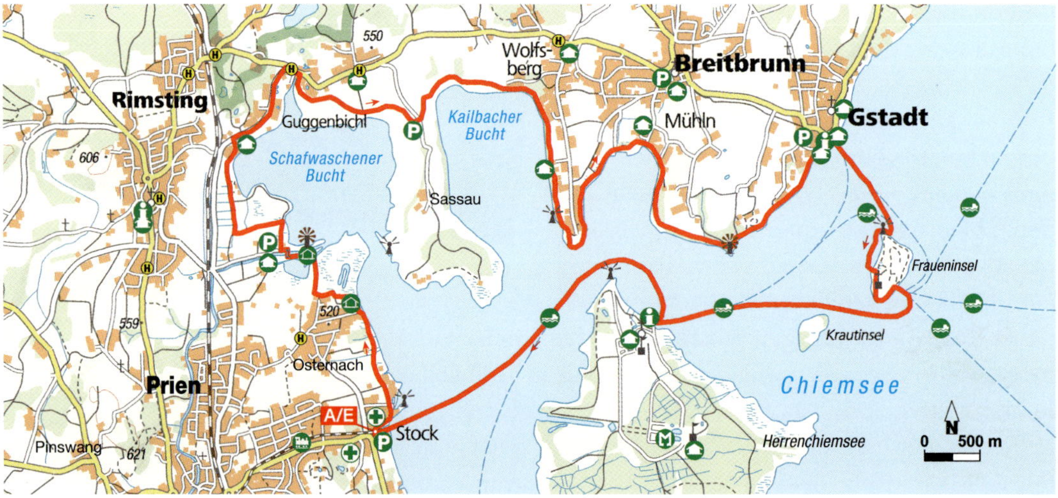

Die Herreninsel Das Schiff zur Herreninsel legt am Steg unterhalb des Klosters ab und bringt uns in 15 Minuten zur Hauptinsel. Der Weg zum Königsschloss führt durch das Schlosshotel und am Klostergebäude der Augustinerchorherren vorbei. Die Beschilderung ist so gut, dass sich eine Beschreibung erübrigt. Durch die Parkanlagen findet man schnell das Schloss. Die Innenräume lassen sich nur während einer Führung besichtigen. Zurück geht es wieder mit dem Schiff direkt nach Prien-Stock.

Links oben: Die Fischhütte Reiter lockt gleich zu Beginn zur ersten Pause.
Rechts oben: Löwenzahnwiesen an der Schafwaschener Bucht

Links unten: In Gstadt
Rechts unten: Radfahrer am Nordufer vor der Fraueninsel

29 Um Seebruck

Auf den Spuren unserer Urahnen

leicht	21 km	200 m	2.30 Std.

Tourencharakter
Fast ebene Rundtour mit viel Schatten auf ruhigen Nebenstraßen bzw. Radwegen, zum Teil auch ungeteerten Feld- und Forstwegen. Baden in Truchtlaching und im Chiemsee möglich

Ausgangs-/Endpunkt
Seebruck, Römermuseum Bedaium bei der Pfarrkirche

Geokoordinaten
47.9335, 12.4769

Anfahrt
Auto: Autobahn A8 bis Ausfahrt Grabenstätt. Über Chieming zur St2095, dort links nach Seebruck. Parkplätze vor der Alzbrücke

Einkehr
Zwei Gaststätten in Truchtlaching, mehrere Gaststätten in Seebruck

Karte
Kompass Nr. 10 Chiemsee, Chiemgauer Alpen, 1:50000

Information
www.seeon-seebruck.de

Wir radeln durch lichte Wälder und kleine Moore, entlang von Bächen und schließlich am Ufer der Alz in weitem Bogen um Seebruck herum. Unterwegs erfahren wir, wie unsere Vorfahren, die Kelten und Römer, vor zwei Jahrtausenden gelebt haben.

Der Steinbock führt Der Weg, er heißt offiziell »Archäologischer Rundweg Bedaium«, beginnt am Römermuseum Bedaium gegenüber der Pfarrkirche von Seebruck. Die Rundtour kann man in zwei Richtungen fahren. Wir haben uns für die Fahrt im Uhrzeigersinn entschlossen. Unser Weg ist vorbildlich mit einem stilisierten Steinbock ausgeschildert. Das Original hat man bei Ausgrabungen als Legionszeichen in Seebruck gefunden. Gleich am Beginn der Tour fallen uns massive Steinmauern auf. Es sind die Reste des römischen Kastells, die ebenfalls durch Ausgrabungen freigelegt wurden. Wir radeln zunächst vom Römermuseum ein kurzes Stück die Römerstraße entlang, die tatsächlich immer noch dem Verlauf der römischen Fernstraße folgt. Schon nach wenigen Metern finden wir links die Reste einer Räucherkammer, in der zu Römerzeiten in großem Stil Fisch und wohl auch Fleisch geräuchert wurde. Die »Fabrik« versorgte sich selbst mit Wasser. Ein mit Holzfässern ausgekleideter Brunnenschacht reichte bis zum Grundwasser. Die Originalfässer sind inzwischen im Museum geborgen. Ein Stück weiter sehen wir, wie aufwendig römische Straßen gebaut waren. Mit dieser Konstruktion konnten auch Moore durchquert werden. Kein Wunder, dass solche Straßen immer noch zumindest als Feldwege unverändert genutzt werden. Weiter auf der Römerstraße unterwegs überqueren wir die Landstraße und erreichen Burgham. Hier steht eine neu renovierte Hofkapelle aus dem Jahr 1840. Über dem Eingang ist das Fresko mit dem Auge Gottes gemalt. Die vom Zentrum des Bildes ausgehenden Strahlen zeigen in alle Richtungen, ein historisches Symbol und Erinnerung an alle Besucher, dass Gott alles auf der Welt sieht. Der Weg führt jetzt

durch den Wald und dann über Felder ans Ufer der Ischler Achen und weiter den Fluss entlang auf Ischl zu. Wir biegen nach Norden ab und machen dann einen Abstecher auf einem Feldweg rechts leicht abwärts Richtung Alz. Am Ende des Weges ist ein Gräberfeld aus der Zeit um 700 n. Chr. Geschützt von Plexiglas liegen in einem geöffneten Grab ein Skelett und die Grabbeigaben eines bajuwarischen Kriegers. Natürlich sind das nur Nachbildungen, die Originale finden wir in Seebruck im Museum. Den Feldweg zurück folgen wir dann der Straße, überqueren die Straße, die von Truchtlaching nach Seeon führt, und kommen kurz darauf an einen keltischen Grabhügel aus der Hallstattzeit, also der Zeit um

Am Chiemseeradweg bei Seebruck

Ganz oben: Der große Jachthafen von Seebruck

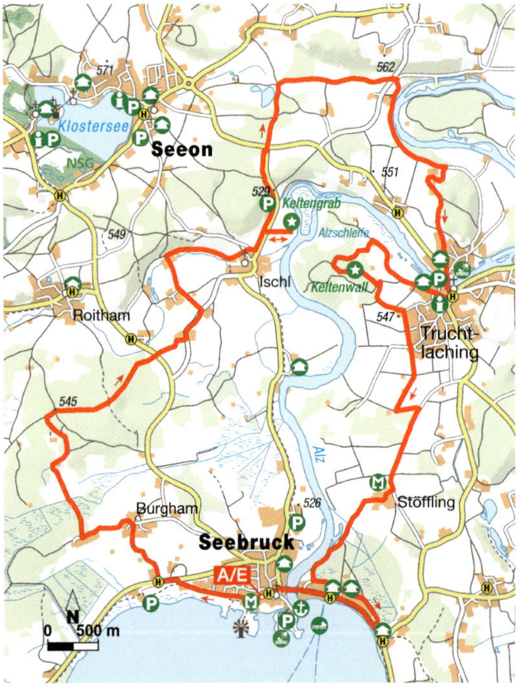

An der kleinen Kapelle in Burgham radeln wir vorbei.

750 bis 500 v. Chr. Der Hügel ist geöffnet, das Prunkgefäß, das man hier gefunden hat, ist ebenfalls im Römermuseum Bedaium zu bestaunen.

Zu den Kelten Wir folgen weiter der »Steinbock«-Beschilderung, fahren bald nach rechts und treffen schließlich auf die Alz, der wir ein Stück nach Süden zum malerischen Ort Truchtlaching folgen. Das wunderschön naturbelassene Freibad verlockt zu einer Erfrischung im Fluss, der Neuwirt gegenüber mit dem herrlichen Biergarten und traumhaft feinen Fischgerichten aus heimischen Gewässern ist auch nicht zu verachten. Weiter geht es auf der Südseite der Alz. Auf der Westenstraße, die gegenüber der Kirche beginnt, fahren wir aus dem Dorf. Die Straße wird zum Feldweg, sie macht eine Rechtskurve und dann sofort eine Linkskurve. Knapp 200 Meter später biegt an zwei Stadeln links ein Weg ab, der leicht bergauf in einen Wald führt. Er verzweigt sich, wir halten uns links und stehen nach 200 Metern vor dem Tor der Keltenschanze. Dieses Tor sichert den Zugang zu einer 90 mal 85 Meter großen ebenen Fläche, die eine Wallgrabenanlage rundum abgrenzt. Solche befestigte Anlagen gibt es viele, vor allem im süddeutschen Raum. Im 19. Jahrhundert hielt man sie für römische Befestigungen, dann erkannte man ihren keltischen Ursprung. Zuerst meinte man, es sei eine Art Tempel gewesen, während man heute eher annimmt, dass es sich um befestigte Gutshöfe handelte, um die herum eine Siedlung lag. Vergleichbar mit einer Anlage, wie sie über 1000 Jahre später als Burg mit Dorf oder Stadt entstanden ist. Wir fahren vom Eingang der Schanze aus weiter und kommen bei einem Neubaugebiet an den Rand von Truchtlaching zurück. Durch die Hochöder Straße geht es nach Stöffling weiter. Hier hat man einen keltischen Bauernhof mit seinen Nebengebäuden nachgebaut, so, wie es sich die Historiker und Archäologen heute vorstellen. Ob das nun ganz genau der Wirklichkeit entspricht, spielt hier keine Rolle. Aber die Anlage vermittelt uns einen guten Eindruck, wie man damals wohl gelebt hat. Weiter geht es durch die Dorfmitte von Stöffling zur Alz und dann im Ortsteil Graben bei Seebruck nach links zum römischen Gräberfeld (Abkürzung zur Alzbrücke möglich). Es stammt aus den ersten Jahrhunderten nach der Zeitenwende und war den römischen Bestimmungen nach außerhalb der Siedlung Bedaium errichtet worden. Jetzt fahren wir am Chiemseeufer entlang zur Ortsmitte zurück und können von einem kleinen Park aus noch das keltische Plankenboot bewundern, das von dem Künstler Walter Angerer der Jüngere am Seeufer aufgestellt wurde. Über die Alzbrücke erreichen wir wieder den Ausgang. Bademöglichkeiten während der Tour gibt es in der Alz in Truchtlaching und natürlich im Chiemsee.

Das gesattelte Reitpferd aus Ton war eine Grabbeigabe aus der Römerzeit und ist heute im Römermuseum Bedaium in Seebruck ausgestellt.

Der römische Ort Bedaium

Seebruck ist der nördlichste Ort am Chiemsee, bei dem die Alz aus dem See fließt. Als Bedaium war es ein römischer Stützpunkt auf der Fernstraße von Salzburg nach Augsburg. Im 5. Jh. brach das Römische Reich zusammen, aber einen Blick zurück in diese Geschichte erlaubt das Römermuseum Bedaium. Es ergänzt unsere Radtour durch die originalen Fundstücke, die wir während der Radtour nur als Nachbildungen betrachten konnten.

30 Um Seeon

Zwischen Eiszeitseen und der Alz

leicht | 20 km | 250 m | 2.15 Std.

Tourencharakter
Schöne Rundtour, fast ausschließlich auf Nebenstraßen oder Radwegen durch das leicht hügelige Seeoner Land. Die Tour lässt sich abkürzen. Bademöglichkeiten im Sommer!

Ausgangs-/Endpunkt
Kloster Seeon, Parkplatz

Geokoordinaten
47.9735, 12.4445

Anfahrt
Auto: Autobahn A8 bis Ausfahrt Bernau am Chiemsee, weiter über Prien, Rimsting, Eggstätt nach Kloster Seeon. Großer Parkplatz neben der Straße

Einkehr
In Seeon mehrere Möglichkeiten, auch direkt am Kloster; unterwegs Landgasthof Griessee (Mo Ruhetag)

Karte
Kompass Nr. 10 Chiemsee, Chiemgauer Alpen, 1:50000

Information
www.seeon-seebruck.de

In einem großen Kreis geht es rund um Seeon mit seinem Kloster und dem See. Dabei streifen wir unbekannte Moore, große Kunstwerke von Heinrich Kirchner, die Alzschleife, keltische Ausgrabungen und eiszeitliche Seen.

Ins Moor Wir starten am großen Parkplatz vor dem Kloster Seeon und fahren, das Kloster im Rücken, geradeaus auf der kleinen Straße in Richtung Wattenham. Gleich zu Beginn steigt der Weg minimal an; Wattenham, das etwas links von uns liegt, passieren wir geradeaus. Immer im leichten Auf und Ab geht es in westlicher Richtung weiter; kurz vor Oberbrunn biegen wir links ein, der Beschilderung nach Karlswerk folgend. Die Straße führt hinunter zur Hammerschmiede. Dahinter sind wir schon auf einem Waldweg durch das Moor unterwegs. Es lohnt sich,

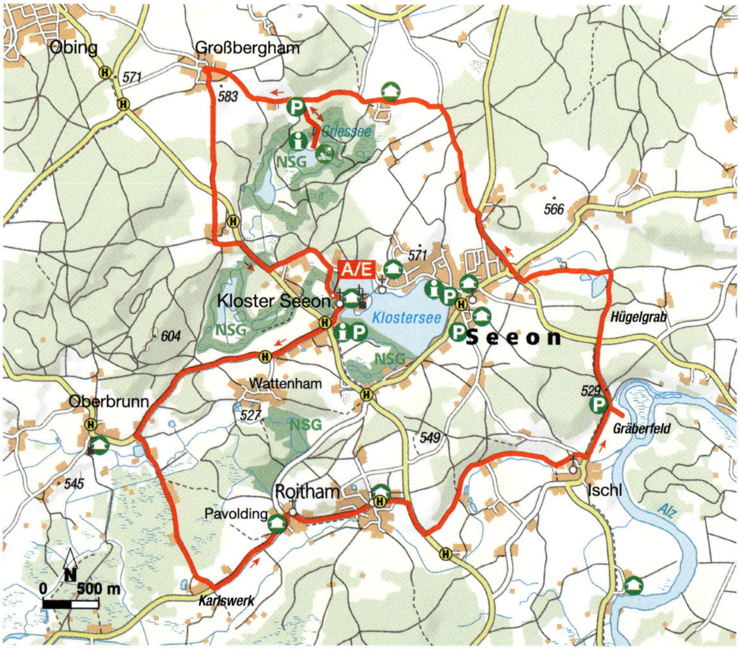

Überall im Chiemgau treffen wir auf die Skulpturen von Heinrich Kirchner.

kurz abzusteigen und auf einem der Trampelpfade für wenige Schritte nach rechts zu gehen. Gerade im Herbst blühen hier viele Erikabüsche zwischen kleinen Birken und Kiefern, und das Moor duftet würzig und harzig zugleich. Unser Moorweg endet in einer kleinen Autostraße, der wir nach links folgen.

Kunst in Pavolding So kommen wir nach Pavolding, einem kleinen Weiler, in dem jedoch der bekannte Chiemgauer Künstler Heinrich Kirchner wohnte. Mehrere seiner großen Skulpturen finden sich rund um die mächtige Linde am Mühlrad. Aber auch vor dem Kloster Seeon stehen drei Figuren, die er geschaffen hat. Nach einer kurzen Rast folgen wir weiter der Straße über eine Kurve und kommen leicht bergauf in den nächsten Weiler, Roitham. An der Kapelle fahren wir geradeaus und stoßen kurz darauf auf eine größere Autostraße. Dieser müssen wir etwa 300 Meter nach rechts bergab folgen, dann biegen wir gleich an der ersten Möglichkeit nach links ein und folgen der kleineren Straße.

Entlang der Ischler Achen Sie führt uns an den Häusern von Maisham vorbei, und schon radeln wir mit etwas Abstand an der Ischler Achen entlang. Am Sägewerk bleiben wir geradeaus und erreichen Ischl mit seiner hübschen Kirche St. Martin, die innen noch ein spätgotisches Netzrippengewölbe trägt. In Ischl treffen wir auf eine Autostraße, und auf dem parallel dazu verlaufenden Radweg fahren wir nach links.

Heinrich Kirchner

1902 in Erlangen geboren, war Heinrich Kirchner einer der großen deutschen Künstler des 20. Jahrhunderts. Er lebte nach dem Krieg und bis zu seinem Tod 1984 in Pavolding. Seine Plastiken von Menschen und Tieren sind stark reduziert. Sie besitzen, weil nichts ablenkt, eine ungeheure Ausdruckskraft und wirken deshalb auch auf große Entfernung. Es gibt einen 20 Kilometer langen Heinrich-Kirchner-Skulpturenweg zwischen Seeon, Truchtlaching und Seebruck sowie ein eigenes Museum in Seebruck.

Archäologische Funde Gleich darauf können wir rechts einen Abstecher zu einem Gräberfeld unternehmen. Weiter dem Radweg folgend, werfen wir noch einen Blick auf die kleine Alzschleife, bevor wir in den Wald eintauchen. Die nächste große Autostraße überqueren wir geradeaus, und erneut nach rechts fahrend können wir mit einem Abstecher ein rekonstruiertes Hügelgrab besichtigen. Dann folgen wir den Radwegschildern nach Seeon, die uns bald nach links über die Felder an den Ortsrand von Seeon lotsen. Übrigens ist in vielen Karten an dieser Strecke noch der Eglsee eingezeichnet. Dieser Toteissee ist heute so gut wie verlandet; wer genau hinsieht, entdeckt noch seine ursprüngliche Form, auch wenn auf seinem Grund schon eine saftige Wiese wächst. Nur nach einer langen Regenperiode sammelt sich dort noch etwas Wasser. In Seeon am großen Kreisverkehr müssen wir uns dann entscheiden. Nach links geht es direkt zurück zum Kloster, geradeaus können wir die Radtour noch mit einem Besuch des Griessees verlängern.

Zum Griessee Dafür folgen wir dem Radweg in nördlicher Richtung und biegen dann kurz nach der Wegkapelle in die kleine Nebenstraße ein. Der Griessee ist bereits ausgeschildert. Alle Abzweigungen ignorierend, sie sind nur für Wanderer geeignet, folgen wir dann der größeren Straße nach links und erreichen den Parkplatz. Hier können wir nach links zum Griessee radeln. Ein kleines Strandbad mit einer grünen Liegewiese und einigen bequemen Stegen ermöglicht so einen wunderbaren Radtourausklang beim Baden. Gleich neben dem Griessee liegt der Brunnensee; beide Seen gehören wie die Eggstätter Seenplatte zu den Toteisseen. Sie lassen sich am besten auf einem kleinen Spaziergang erkunden.

Rückfahrt Wir folgen der kleinen Straße nach Großbergham. Dort bremst uns der Landgasthof Griessee zu einer Pause aus. Für die Rückfahrt wählen wir nach links die Straße, die direkt nach dem Gasthof beginnt. Sie bringt uns über Felder durch ein Waldstück in südlicher Richtung zu einer größeren Autostraße, die wir geradeaus überqueren. Nach den Häusern von Thalham halten wir uns links und erreichen wieder die Autostraße. Dieser folgen wir nun nach rechts, biegen dann aber links in den Seeleitenweg ein, der uns zum Seeoner See führt, wo wir jetzt nur noch nach rechts dem Seerundweg folgen. Er bringt uns zur kleinen Halbinsel, auf der das Kloster Seeon liegt. Nun ist noch Zeit für eine Besichtigung. Vor allem die doppeltürmige Klosterkirche

Der Griessee ist einer der unzähligen kleinen Badeseen im Chiemgau.

und die Wirtschaft sind einen Stopp wert. Das Kloster wurde 994 vom Pfalzgrafen Aribo I. auf einer Insel im Seeoner See gegründet. In den gut 800 Jahren seines Bestehens war es stets ein bedeutendes Kulturzentrum, das die kirchliche und weltliche Entwicklung des heutigen Chiemgaus bestimmte. Heute ist das Kloster mit seinen dicken Zwiebeltürmen über einen aufgeschütteten Damm zugänglich. Zu unserem Startplatz geht es an der kleinen St.-Walburgis-Kirche vorbei zurück.

31 Von Grabenstätt ins Bergener Moos

Zwischen Mooren, Vogelschau und Bergblick

leicht | 29 km | 200 m | 2.30 Std.

Tourencharakter
Einfache Rundtour im leichten Auf und Ab mit einer einzigen stärkeren Steigung zu Beginn. Vorwiegend auf kleinen Nebenstraßen, aber auch auf Feld- und Wiesenwegen

Ausgangs-/Endpunkt
Grabenstätt, Rathaus/Schloss

Geokoordinaten
47.8428, 12.5436

Anfahrt
Bahn: Mit dem Zug nach Bergen und die Tour von dort beginnen. Auto: Autobahn A 8 bis Ausfahrt Grabenstätt. Parkplätze in der Dorfmitte und rund um das Rathaus in der Schlossstraße

Einkehr
Unterwegs treffen wir auf einige Wirtshäuser und Biergärten. In Bergen lockt mit einem Abstecher das Gasthaus Schellenberg – vor allem wegen seiner sensationellen Aussicht. Am Ende der Route gibt es die Ausflugsgaststätte Hirschauer Bucht.

Karte
Kompass Nr. 10 Chiemsee, Chiemgauer Alpen, 1:50 000

Information
www.grabenstaett.de

Immer wieder lassen sich im Chiemgau neue Winkel entdecken, die so schön sind, dass man auch ein zweites Mal dorthin fährt. So überraschen uns der Tüttensee und das Bergener Moos, aber auch die Hirschauer Bucht mit ihrer Vogelwarte ist einen Besuch wert.

Zum Tüttensee Wir starten am Schloss von Grabenstätt und radeln zunächst in südlicher Richtung, dabei folgen wir der Linkskurve aus dem Ort hinaus. Unser Radweg verläuft neben der Autostraße, endet jedoch wenige Meter später an der Straßengabelung zum Tüttensee. Hier halten wir uns links und kurz darauf erneut links, bis wir dann auf den Parkplatz am Tüttensee stoßen.
Für eine Einkehr in die Seewirtsschaft ist es noch zu früh, also umrunden wir den See in Wassernähe und im Uhrzeigersinn.

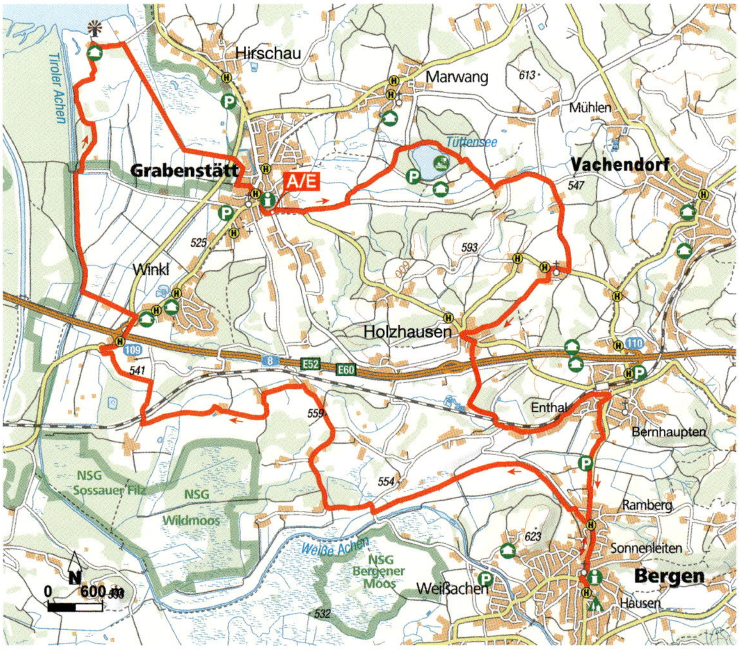

An seinem östlichen Ende überqueren wir noch den kleinen Bachlauf und halten uns dann am Waldrand links. An der nächsten Weggabelung mit Rastbank radeln wir rechts in den Weiler Mühlbach.

Im Bergener Moos verlaufen die Radwege flach und eben.

Bergen liegt an den Bergen Hier mündet unser Weg in eine kleine geteerte Straße, der wir nach links folgen. Nun müssen wir etwas in die Pedale treten, um die einzige wirkliche Steigung dieses Tages zu bewältigen. Mit etwas Krafteinsatz können wir das auch ohne zu schieben. Schon kurz hinter Wipfing haben wir es dann geschafft. Wir kommen nach Einharting, fahren 200 Meter nach rechts und dann gleich links in den kleinen Weg zwischen den Bauernhäusern durch. An einer Pferdekoppel vorbei sind wir wieder auf einem Feldweg über Wiesen unterwegs. Nach einem kleinen Waldstück stoßen wir auf eine Nebenstraße, auf der wir links nach Holzhausen kommen. Hier biegen wir links in die Hauptstraße ein und radeln vorsichtig bergab, denn nach wenigen Metern geht es rechts in die Kaltenbrunnerstraße. Unter der Autobahn durch fahren wir geradeaus in den malerischen Wald hinein. Kaum haben wir einige Fischweiher passiert, unterqueren wir die Eisenbahn und halten uns unmittelbar nach der Unterführung links. An der nächsten Hauptstraße biegen wir erneut links ab und befinden uns nun auf einem herrlichen Panoramaweg, der uns in südlicher Richtung weite Aussichten auf Bergen und den Hochfelln bietet. Stets neben der Bahn erreichen wir Bernhaupten. In die Hauptstraße biegen wir rechts ein, halten uns dann erneut etwas rechts und fahren auf dem ausgeschilderten Radweg nach Bergen. Flott sausen wir hinunter ins Talbecken und stehen, alle Abzweigungen ignorierend, kurz darauf im Ort Bergen, der – wie könnte es auch anders sein – am Fuße der Berge liegt. Nun ist Zeit für eine Einkehr oder für die Besichtigung des Museums Maxhütte. Die Maxhütte war eine Eisenhütte, die 1562 gegründet wurde, um das in Eisenärzt gewonnene Erz zu verhütten. 1881 wurde sie wegen Unrentabilität eingestellt; heute kann man die Hütte besichtigen und sich ausführlich über die vorindustrielle Eisengewinnung informieren (geöffnet 1. Mai bis 3. Oktober täglich außer Montag 10 Uhr bis 16 Uhr).

Durch das Bergener Moos Für die Rückfahrt radeln wir zunächst aus der Ortsmitte von Bergen ein Stück auf bekanntem Weg zurück und biegen dann links in den Schwimmbadweg. Vorbei an den Tennisplätzen und dem Schwimmbad fahren wir nach der Kläranlage links über den Bergener Bach und halten uns gleich danach rechts. Jetzt sind wir endlich im wunderschönen Bergener Moos. Die Aussicht ist einmalig, und unser sanfter, ebener Streckenabschnitt könnte gerne viele Kilometer so weitergehen. Zum Glück gibt es einige Rastbänke, um das Panorama mit Hochfelln und Kampenwand zu bewundern. Unser Weg endet an einer T-Kreuzung. Hier biegen wir nach rechts ab und fahren gleich wieder links, nun der Hauptstraße folgend. An Buch vorbei passieren wir auch Schneereut und folgen links der Beschilderung zur Hundepension Stadeln. Das kleine Gut umfahren wir in einem großen Bogen nach rechts entlang der Eisenbahnschienen. An der Eisenbahnbrücke überqueren wir sie und biegen bei der nächsten Möglichkeit nach links ab. Nun sind wir schon wieder nahe der Autobahn. Wir treffen beim McDonald`s auf die große Staatsstraße, der wir nach rechts über die Autobahn und über den Kreisverkehr auf dem Radweg folgen.

Chiemseeblick und Vogelglück Wer auf direktem Wege zurück zum Ausgangspunkt möchte, radelt einfach entlang der Straße nach Grabenstätt zurück. Viel schöner ist jedoch der Kringel über die Hirschauer Bucht. Dafür biegen wir nach dem zweiten Kreisverkehr links in den landwirtschaftlichen Weg ein und unterqueren die Umgehungsstraße. Dann erreichen wir geradeaus über die Felder die Dammkrone des Rothgrabens. Nach rechts radeln wir nun auf dem Chiemseeradweg. Stets in nördlicher Richtung kommen wir durch Auenwälder direkt an die Hirschauer Bucht am Chiemsee. Abgesehen vom netten Biergarten der Ausflugsgaststätte Hirschauer Bucht müssen wir wegen der Vogelwarte die Räder unbedingt abstellen. Allein der Aussichtsturm ist eine längere Pause wert, denn es gibt kaum eine bessere Stelle, um jede Menge Wasser-, Zug-, aber auch Raubvögel zu beobachten. Im oberen Stockwerk steht ein hervorragendes Fernrohr. Über viele Jahre hinweg waren hier sogar immer mal wieder Flamingos zu sehen. Mit etwas Glück stelzen sie im Chiemseewasser umher.

Römer und ein Impakt

Beim Schloss Grabenstätt gibt es zwei interessante Ausstellungen: ein Römermuseum und eine Ausstellung zum spannenden Thema »Impakt«. Nach dieser Theorie soll ein Meteoriten-Einschlag der Ursprung des Tüttensees sei. Unter Wissenschaftlern ist deswegen ein heftiger Streit entbrannt, denn viele vermuten im Tüttensee einen klassischen Toteissee aus der letzten Eiszeit.

Um den Tüttensee ranken sich viele Legenden und Geschichten.

Zurück nach Grabenstätt Die letzten Kilometer radeln wir nach der Gaststätte noch ein Stück weiter und folgen dann der Beschilderung »Grabenstätt« nach rechts entlang eines Bewässerungskanales. Rechts und links unseres Feldweges liegen mehr oder weniger sumpfige Feuchtwiesen, und so gibt es auch hier viel zu entdecken. Mit dem Grabenstätter Kirchturm im Visier ist es dann nicht mehr weit. Durch eine Unterführung erreichen wir rechts die ersten Häuser des Ortes. Links durch die Poststraße sind wir dann schnell zurück in der Dorfmitte und an unserem Ausgangspunkt.

32 Durch das Bergener Moos

Nasse Wiesen und eine Aussichtskanzel

leicht | 24 km | 280 m | 2.15 Std.

Tourencharakter
Rundtour durch das Moor und über Moränenhügel auf Radwegen, überwiegend ruhigen Nebenstraßen und zum Teil auf ungeteerten Feldstraßen

Ausgangs-/Endpunkt
Bergen, Tourist-Info

Geokoordinaten
47.8068, 12.5912

Anfahrt
Bahn: Von München über Rosenheim nach Bergen. Auto: Autobahn A 8 bis Ausfahrt Bergen, über Bernhaupten nach Bergen. Parkplätze neben und hinter dem Gebäude der Tourist-Info am Dorfplatz

Einkehr
Bergen: Pizzeria Flamingo am Raiffeisenplatz und Gasthof Mühlwinkler Hof bei der Hochfelln-Seilbahn; Grabenstätt: mehrere Gaststätten – gut gegessen haben wir im Grabenstätter Hof am Marktplatz

Karte
Kompass Nr. 10 Chiemsee, Chiemgauer Alpen, 1:50 000

Information
www.bergen-chiemgau.de

Diese Radtour führt durch das weithin unbekannte Bergener Moos zum Osterbuchberg mit seiner schönen Aussicht und dann weiter über Grabenstätt nach Kalsperg, wo wir einen umfassenden Blick auf die Berge genießen.

Osterbuchberg Vom Parkplatz in Bergen aus radeln wir auf der Hochfellnstraße ganz leicht aufwärts zur Kreuzung Staudacher Straße. Hier ginge unser Weg eigentlich nach rechts, aber geradeaus 500 Meter weiter lockt das hochinteressante Museum Maxhütte (siehe Tour 31), das die wechselvolle Geschichte der Eisenverarbeitung im Chiemgau anschaulich erzählt. Zurück an der Staudacher Straße geht es jetzt nach links auf einen Radweg parallel zur Straße. Wir passieren das Gewerbegebiet von Bergen sowie die Bauernhöfe von Geißing und Klaus und erreichen einen Weiler mit dem überraschenden Namen Bayern. Wären wir vor

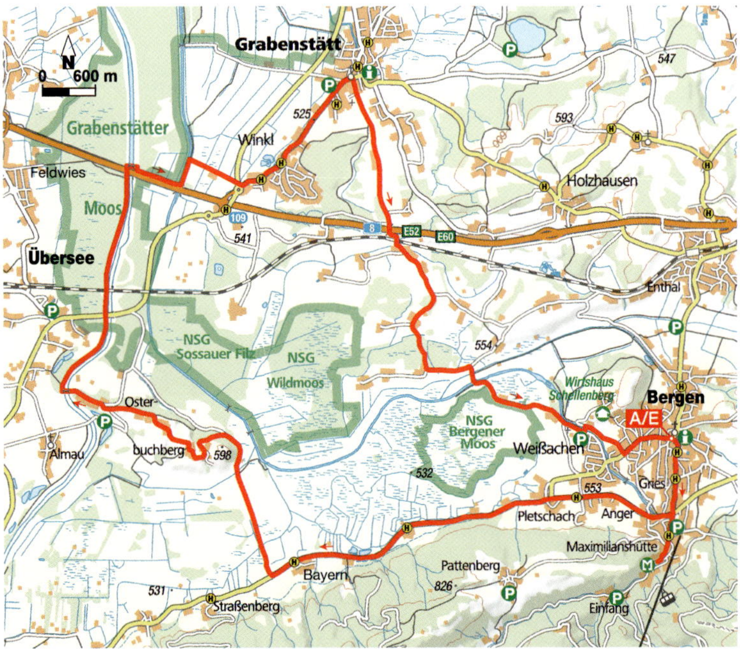

Ausblick vom Schellenberg, den wir mit einem Abstecher erreichen

gut 200 Jahren hier entlanggefahren, so hätten uns Zollbeamte kontrolliert. Denn an dieser Stelle war die Grenze zwischen dem Land Salzburg und Bayern, und so ist der Weiler auch zu seinem Namen gekommen. Es war das erste bayerische Dorf nach dem Verlassen des Salzburger Hoheitsgebietes. Übrigens verläuft die alte Grenzlinie heute noch als Gemeindegrenze zwischen Bergen und Marquartstein. Etwa 400 Meter weiter verlassen wir die belebte Straße nach rechts. Wir radeln durch das Bergener Moos direkt auf den Höhenrücken des Osterbuchbergs zu. Im Frühjahr blühen hier ganze Teppiche von Buschwindröschen und Schlüsselblumen, etwas später im Jahr färbt das Knabenkraut die Wiesen rot. Hier brütet auch der selten gewordene Brachvogel mit seinem gebogenen Schnabel. Deshalb sind alle Seitenwege vom 1. März bis 30. Juni gesperrt. Wir erreichen die Ostausläufer des Osterbuchberges und stoßen auf eine Fahrstraße, der wir nach links bergauf folgen. Der Höhenrücken des Osterbuchberges zeichnet sich durch eine lockere Besiedelung mit Bauernhöfen aus. Wir überqueren den Höhenrücken und fahren an der Spitz-

kehre geradeaus weiter in die Sackgasse. Ganz am Ende wird sie zu einem holprigen Fußweg, auf dem wir besser das Rad abwärts schieben. Unten stehen wir bereits am Ufer der Tiroler Achen und überqueren den Fluss auf einer Fußgängerbrücke. Weiter geht es nach rechts am Damm entlang unter der Bundesstraße, der Eisenbahn und der Autobahn durch. Nach ihr wenden wir uns nach rechts und überqueren erneut den Fluss. Es geht kurz nach rechts und dann ein Stück entlang der Autobahn. Nach dem Überqueren des Kanals erreichen wir mit einer Links-rechts-Fahrt den kleinen Ort Winkl, der durch einen Radweg neben der Straße mit Grabenstätt verbunden ist.

Gasthaus Schellenberg

Kurz bevor wir zurück in Bergen sind, können E-Biker für eine Einkehr noch auf den Schellenberg zum gleichnamigen Gasthaus hinaufradeln. Die Aussicht ist wunderbar, und es schmeckt auch (Dienstag Ruhetag, www.gasthaus-schellenberg.de)!

Kalsperg und Schneereut Für die Rückfahrt von Grabenstätt nehmen wir die Eichbergstraße, die uns gegenüber der Pfarrkirche in südlicher Richtung aus dem Ort hinausführt. Vom Gut Kalsperg, das wir auf ansteigender Straße erreichen, öffnet sich noch einmal der Blick auf die Voralpenkette. Die Sicht reicht vom Wendelstein bis zu den Salzburger Bergen. Wir fahren unter Autobahn und Eisenbahn durch und halten uns in Schneereut leicht links. Wir passieren zwei kleine Wäldchen, zwischen denen die schöne Klingerkapelle steht, und biegen nach dem zweiten Wald wieder links ab. Nach etwa 500 Metern geht es rechts ab, wir überqueren den Bergener Bach und die Weiße Achen. So gelangen wir zum neuen Friedhof von Bergen. Nach ihm überqueren wir erneut die Achen und fahren an ihr entlang auf der Schellenbergstraße zur Weißachener Straße, auf der wir nach links direkt unseren Ausgangspunkt, den Dorfplatz von Bergen, erreichen.

Mächtige Bäume trotzen dem feuchten Moosboden in der Nähe von Bergen.

Linke Seite: Im Bergener Moos wachsen Schlüsselblumen an einem Wassergraben.

33 Durch die Kendlmühlfilzen

Das Moor am Chiemsee

mittel | 39 km | 100 m | 4 Std.

Tourencharakter
Einfache Radtour durch die renaturierte Kendlmühlfilzen zum Chiemsee. Rückfahrt entlang der Tiroler Achen. Lässt sich ohne die Runde zum Aussichtsturm abkürzen. Badesachen nicht vergessen!

Ausgangs-/Endpunkt
Grassau, Parkplatz hinter dem Gasthof Zur Post

Geokoordinaten
47.7798, 12.4497

Anfahrt
Bahn: Nächster Bahnhof in Bernau, dann zusätzliche Anfahrt über Rottau erforderlich. Auto: Autobahn A 8 bis Ausfahrt Übersee und weiter nach Grassau. Im Ortszentrum Parkplatz hinter dem Gasthof Zur Post (Anfahrt beschildert)

Einkehr
Mehrere Gasthäuser in Grassau, in Westerbuchberg und am Chiemsee

Karte
Kompass Nr. 10 Chiemsee, Chiemgauer Alpen, 1:50000

Information
www.grassau.de

In der Kendlmühlfilzen wurde bis in die 80er-Jahre hinein großflächig Torf abgebaut. 1976 hatten sich die Bürger dafür eingesetzt, diese einzigartige Landschaft zu bewahren. 1988 wurde der Torfabbau endgültig eingestellt und das Gebiet unter Naturschutz gestellt.

Zum Torfbahnhof Wir beginnen unsere Radtour am Parkplatz hinter dem Gasthof Zur Post in Grassau und fahren auf der Moosbachstraße nach Obermoosbach. Am Wanderparkplatz vorbei geht es auf geradem Weg direkt in das große Moorgebiet. Dort, wo ein Verbotsschild uns Radler am Weiterfahren hindert, lassen wir unsere Räder stehen und gehen ca. 500 Meter weiter ins Moor zu einem Beobachtungsturm. Von ihm aus lässt sich das Moor in seinen verschiedenen Zuständen von völlig ausgebeutet bis naturnah bestens beobachten. Wieder zurück am Schild biegen wir

Der alte Torfbahnhof

links ab und fahren jetzt ca. 600 Meter nach Westen, um dann nach links wieder aus dem Moorgebiet herauszufahren. Kurz vor der Autostraße geht es nach rechts. Über einen schmalen Wiesenweg können wir hier einen Abstecher zum alten Klaushäusl machen. Wieder zurück folgen wir dem »Grenzenlos Wanderweg« nach Rottau. An der Kirche vorbei radeln wir durch die Dorfstraße in die Eichetstraße, die uns wieder ins Moor zurückbringt. Rechts liegen große Torfabbauflächen, die langsam wieder im gestauten Wasser versinken. Vor der Bahnlinie München–Salzburg biegen wir rechts auf die ungeteerte Straße ab. Parallel zu den Gleisen kommen wir zu dem alten Torfbahnhof, der sich im Rahmen der Renaturierung der Filze zu einem Technikmuseum gemausert hat. Hier wurde der frisch ab-

Museum Salz & Moor im Klaushäusl

In der alten Pumpstation der Soleleitung von Bad Reichenhall nach Rosenheim ist seit 1995 ein Technikmuseum untergebracht. Eindrucksvoll wird hier gezeigt, dass man bereits zu Beginn des 19. Jh. Maschinen bauen konnte, die 200 Jahre lang einwandfrei ihren Dienst taten.

Auf einen der schönsten und längsten Chiemseer Badestrände stoßen wir bei Übersee.

gebaute Torf in Eisenbahnwaggons umgeladen. Von Anfang Mai bis Anfang November gibt es Führungen im Museum und eine Fahrt mit der Feldbahn (Sa und So 11 Uhr und 14 Uhr, zusätzlich Mi vom 1. Juli bis 30. September). Im Moor selbst findet man auch auf den freigegebenen Wegen immer noch die Gleisreste der Torfbahn. Sie verschwinden langsam, aber sicher im Untergrund, können jedoch Radfahrer zum Stürzen bringen. Deshalb sind viele dieser Wege für Fahrräder gesperrt.

Auf den Westerbuchberg Vom Torfbahnhof aus folgen wir weiter »unserer« Straße, die sich langsam von der Bahn abwendet. Nach gut zwei Kilometern weist uns ein Schild nach links Richtung Westerbuchberg. Der Ort liegt auf einem Moränenhügel, der in der vorletzten Eiszeit entstanden ist. Das bedeutet: runterschalten und kräftig treten. Aber keine Sorge, es sind nur 50 Höhenmeter. Der schattige Wald verhindert, dass wir zu sehr ins Schwitzen kommen. Eigentlich biegt unser Weg kurz vor dem Ortseingang links Richtung Übersee ab, den kurzen Abstecher zu der uralten Dorfkirche von Westerbuchberg und die einmalige Aussicht auf die Kendlmühlfilzen und die Berge um das Tal der Tiroler Achen wollen wir aber auf keinen Fall versäumen. Die Dorfkirche von Westerbuchberg stammt aus der Zeit um 1200, ihre Innenwände sind mit Fresken bedeckt. Eine besondere Seltenheit ist der linke Seitenaltar mit den 14 Nothelfern, der als Fresko an die Wand gemalt ist.

Herrliche Wege führen hinein in die Kendelmühlfilzen.

Links: Am Chiemsee in der Feldwieser Bucht

Überm See Wir fahren zurück zur Abzweigung, dann folgen wir den Wegweisern nach Übersee. An der neugotischen Backsteinkirche St. Nikolaus vorbei überqueren wir die Bahnstrecke und erreichen schließlich in Feldwies die Autobahn. Ein Tunnel bringt uns auf die andere Seite und direkt zum Ufer des Chiemsees. Der Radweg führt dicht am Ufer entlang, Bademöglichkeiten gibt es sowohl im Strandbad als auch an zahlreichen ausgewiesenen Uferbereichen.

Der Weg führt uns weit hinaus in das riesige Flussdelta, das die Tiroler Achen im Laufe der Jahrtausende aufgeschüttet hat. An der Nikolauskapelle vorbei kommen wir zu einem Beobachtungsturm, auf dem sogar ein starkes Fernglas montiert wurde. Mit ihm lassen sich die zahlreichen Vögel beobachten, die in den flachen Uferzonen nach Nahrung suchen. Über den Heinrichswinkel erreichen wir wieder das Strandbad, fahren nochmals unter der Autobahn durch und links durchs Dorf zur Hauptstraße. Jetzt geht es ca. 100 Meter nach rechts und dann links auf dem Waldweg (Wegweiser »Grabenstätt«) zur Tiroler Achen. Der Dammweg nach rechts bringt uns zu einer Fußgängerbrücke, etwa 500 Meter danach überqueren wir die Tiroler Achen. Die Wegweiser »Staudach« führen uns in mehr oder weniger großem Abstand zum Fluss Richtung Staudach-Egerndach. Kurz vor Hub halten wir uns rechts und erreichen direkt an der Achenbrücke den Fluss. Den letzten Kilometer geht es auf der großen Dorfstraße zu unserem Ausgangspunkt zurück.

34 Von Grassau nach Schleching

Über den Achentalradweg

leicht | 30 km | 280 m | 3 Std.

Tourencharakter
Wunderschöne, kontrastreiche Rundtour mit wenigen Steigungen auf Radwegen, Forstwegen, Nebenstraßen und auch auf kleinen Wiesenpfaden. Wenig Schatten!

Ausgangs-/Endpunkt
Grassau, Kirche

Geokoordinaten
47.7793, 12.4508

Anfahrt
Bahn: Nächster Bahnhof in Bernau, dann zusätzliche Anfahrt über Rottau erforderlich.
Auto: Autobahn A8 München–Salzburg bis Ausfahrt Feldwies, weiter nach Grassau. Parkplatz hinter dem Gasthof Zur Post

Einkehr
Mehrere Gasthäuser und Cafés in Schleching und Grassau

Karte
Kompass Nr. 10 Chiemsee, Chiemgauer Alpen, 1:50000

Information
www.grassau.de

Diese Traumtour führt uns ins Achental bis nach Schleching. Immer am Fuße der Berge entlang ist sie abwechslungsreich, und das vor allem in puncto Aussicht. Besonders hervorzuheben sind die Rast- und Badeplätze an der Tiroler Achen – also viel Vergnügen!

Über Piesenhausen nach Raiten Wir starten an der Kirche Mariä Himmelfahrt in Grassau und folgen zunächst der großen Ortsdurchfahrtsstraße, der Rottauer Straße, in westlicher Richtung. Am Ortsende, nach der Tankstelle, biegen wir links in den nach

Wegkreuz am Achendamm vor dem Geigelstein

»Piesenhausen/Marquartstein« ausgeschilderten Radweg ein. Er führt uns in südlicher Richtung über die Felder nach Piesenhausen. Nach links geht es durch den Ort, der besonders viele schöne alte Bauernhäuser aufweist. Am Ortsende nehmen wir rechts den Hofweg, der zur Hofkapellenstraße wird. An deren Ende führt uns der Radweg in den Wald, und die erste Steigung steht uns bevor. Zum Glück ist es ein schattiger Weg, und es gibt heute kaum weitere nennenswerte Steigungen. Im Wald wendet sich der Weg nach rechts und in der Nähe der Hofkapelle wieder nach links. Dann führt er zu einer Autostraße. Dieser folgen wir ein Stück nach rechts und biegen dann links in den Radweg ein, er ist bereits nach Schleching beschildert. Wieder geht es durch Wald und über Wiesen, und im Ortsteil Süssen stoßen wir erneut auf die Autostraße, der wir nach links folgen. In die nächste Straße, die Emperbichlstraße, biegen wir rechts ein; sie führt uns am Ortsrand von Raiten entlang, wobei wir nach links einen Abstecher zur schön gelegenen Wallfahrtskirche Maria zu den

Bauernhaus in Schleching

Sieben Linden unternehmen können. Sie ist jedes Jahr an Christi Himmelfahrt Schauplatz einer traditionellen Trachtenwallfahrt, an der viele Chiemgauer teilnehmen.

Zum Bergsteigerdorf Schleching Ansonsten folgen wir einfach weiter dem Radweg, der sich nach den letzten Häusern teilt. Hier halten wir uns links und passieren den einsamen Hof Em-

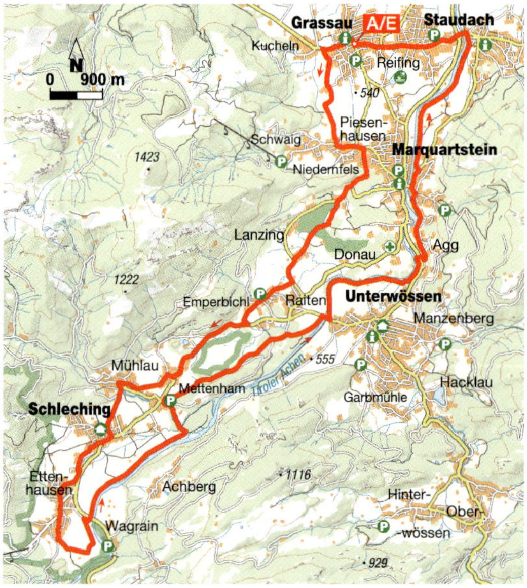

Zellersee bei Mettenham

perbichl. Dahinter fällt der Weg steil ab, etwas Vorsicht ist geboten! Wir erreichen die B 307 und folgen ihr auf dem Radweg nach rechts. In Mettenham geht es rechts in die Brandstraße und dann links in die Steinbergstraße. Über die Felder kommen wir nach Mühlau, wo wir mit einem Links-rechts-links-Knick den Mühlbach queren. Mit schönster Aussicht sausen wir dann nach Schleching hinunter, wo wir uns zur Rast im Gasthaus zur Post niederlassen können. Und weil es bis hierher so schön war, radeln wir noch ein Stück weiter. So folgen wir in Schleching am Rathaus der Beschilderung »Ettenhausen über Wirtschaftswege«. Zwischen Tourist-Info und Musikpavillon geht es zur Schulstraße und schließlich über den Katzbachweg wieder über die Felder. Die Ausblicke lassen keine Wünsche offen, auch wenn der Weg noch einmal ansteigt. Hinter dem einsamen Hof wendet er sich dann nach links, und bald geht es über den Alpbach nach Ettenhausen, das am Fuße des Geigelsteins liegt.

Achendamm Nun folgen wir stets der Beschilderung »Unterwössen über den Achendamm«. Zunächst radeln wir noch ein bisschen durch Ettenhausen, dann biegen wir links in den Ulmenweg, und schon geht es abwärts und in einem großen Bogen über die Felder zur B 307. Diese können wir unterqueren und erreichen so den Achendamm. Nun in nördlicher Richtung fahren wir mit Abstand an Schleching vorbei, und bald queren wir den Mühlbach, der sich hier mit der Tiroler Achen vereint. Die Kiesbänke eignen sich hervorragend zur Rast oder für ein Sonnenbad. Dahinter wendet sich der Weg nach links, weg von der Tiroler Achen. Aber schon bei den ersten Häusern von Mühlau geht es wieder nach rechts auf einen wunderbaren Waldweg. Wir radeln fast immer leicht abwärts am Fuße des Buchbergs und an der Mettenheimer Filze entlang. Kurz vor Raiten müssen wir uns einmal rechts halten, und dann geht es über ein Feld zur nächsten Achenbrücke, wo wir diesmal die Uferseite wechseln. Geradeaus kämen wir nach Unterwössen, wir halten uns aber gleich links, und weiter geht es auf dem Flussradweg, der Beschilderung nach Grassau folgend. Schließlich biegt der Radweg nach rechts über einen Seitenbach weg vom Fluss, und wir unterqueren die große B 305.

Dann folgen wir links der kleinen geteerten Straße, der Alten Dorfstraße. Sie bringt uns vorbei an der alten Gränzmühle zur Brücke in Marquartstein. Diese müssen wir nicht überqueren, außer der Hunger treibt uns ins Dorfzentrum. Ansonsten bleiben wir auf der Uferseite in Flussnähe und folgen dem Radweg weiter nach Norden. Auch die nächste Brücke ignorieren wir, obwohl hier das Radwegschild nach Grassau weist. Wir folgen weiter dem Fluss und wechseln erst an der Brücke bei Staudach das Ufer. Nun müssen wir nur schnurgerade der Bahnhofstraße über alle Kreuzungen und Kreisverkehre hinweg folgen, sie bringt uns direkt zurück zur Kirche in Grassau. Wer jetzt noch in einem See baden möchte, kann bei Grassau in den Reifinger See springen.

Bergsteigerdorf Schleching

Das Dorf liegt nahe der Grenze zu Tirol und ist ein beliebter Ausgangspunkt für zahlreiche Wanderungen, etwa auf den für seine vielen Blumen berühmten Geigelstein. Zusammen mit Sachrang auf der anderen Seite des Geigelsteins hat Schleching das Prädikat eines Bergsteigerdorfes erhalten. Bewusst wendet man sich vom Massentourismus ab und setzt sich für den Erhalt der Natur, aber auch für Traditionen und Brauchtum ein.

35 Von Ruhpolding um den Zinnkopf

Mammuts am Wegrand

mittel | 31 km | 350 m | 3.15 Std.

Tourencharakter
Herrliche Rundtour, die ein wenig Kondition voraussetzt. Die Steigungen sind gleich zu Beginn der Tour, mit dem E-Bike eine Kleinigkeit, ansonsten darf man ein kurzes Stück schieben. Danach geht es ganz gemütlich über den Traun-Alz-Radweg.

Ausgangs-/Endpunkt
Ruhpolding, Bahnhof

Geokoordinaten
47.7524, 12.6485

Anfahrt
Bahn: Zug von Traunstein nach Ruhpolding. Auto: Auf der A 8 Richtung Salzburg, Ausfahrt Traunstein/Siegsdorf. Weiter Richtung Süden über Siegsdorf bis Ruhpolding. Einen Parkplatz gibt es am Bahnhof.

Einkehr
Unterwegs treffen wir auf die urige Kesselalm bei Inzell. Der frisch gebackene Kaiserschmarrn duftet schon von Weitem. Ebenfalls an der Strecke liegt bei Hammer der Hammerwirt mit Biergarten. In Ruhpolding gibt es zum Abschluss noch viele Lokale.

Karte
Kompass Nr. 16 Traunstein, Waginger See, 1:50 000

Information
www.ruhpolding.de

Unsere Runde steht ganz im Zeichen der Eiszeit. Als Symbol begleitet uns das Mammut Rudi, das in dieser Gegend während der Eiszeit lebte und das wir uns in Siegsdorf im Museum ansehen können. Überdies freuen wir uns über die beiden Flüsse: die Rote und die Weiße Traun.

Nach Inzell Am südlichen Ende des Bahnhofs in Ruhpolding, am Kreisverkehr, starten wir unsere Tour in die Waldbahnstraße. Nach einem kurzen Stück halten wir uns vor der starken Linkskurve rechts über die kleine Brücke und sind flussaufwärts an den Tennisanlagen vorbei auf einem Radweg, wo wir auch bald auf den ersten Wegweiser der Eiszeitrunde mit dem Mammut »Rudi« stoßen. Zunächst bleiben wir geradeaus, dann überqueren wir an einem kleinen Steg die Traun. Gleich nach der Brü-

cke halten wir uns rechts und folgen nun stets dem Windbach, über alle Straßen hinweg und mitten durch den Golfplatz hindurch. Mit einem Links-rechts-Knick geht es dann immer noch am Windbach entlang in den Bergweg Infang. Jetzt beginnt der anstrengende Teil der Tour. Anfangs noch sacht, dann aber immer steiler geht es am Bach entlang bergauf. Wir lassen alle Abzweigungen unberücksichtigt und erreichen schließlich den Scheitelpunkt. Eine herrliche Aussicht auf den Rauschberg belohnt uns für die Mühen, sogar eine Ruhebank steht für die Pause bereit. Anschließend gleiten wir dann eher gemütlich und mit weiter Sicht auf mächtige Bauernhöfe, am Froschsee und der Kesselalm vorbei, ins Inzeller Becken.

Totenbretter an der Zeller Kirche

Ganz oben: Ruhpolding hat einen lebendigen Ortskern.

Über die ehemalige Soleleitung Im Tal an der großen Autostraße können wir für die Ortsbesichtigung von Inzell geradeaus in den schmalen Feldweg radeln. Ansonsten biegen wir hier links ab und passieren die Liebfrauenkirche in Niederachen, einem Ortsteil von Inzell. Weiter folgen wir dem »Rudi«, bald auf den Salinenweg, der uns nun mal mehr, mal weniger nah an der Roten Traun entlang nach Hammer führt, wo das große Gasthaus zur Einkehr lockt. Für die Weiterfahrt bleiben wir aber auf der rechten Flussseite und radeln entlang der ehemaligen Soleleitung nach Norden. Beim Sägewerk in Frauenstätt wechseln wir die Uferseite und folgen weiter der Beschilderung durch einige Weiler. Schließlich unterqueren wir die Autobahn, halten uns dann links und müssen am Edeka erneut links abbiegen. Dann führt der Weg nach rechts, unter der Bundesstraße hindurch, und schon überqueren wir nach dem Parkplatz die Weiße Traun. Wenige Meter flussabwärts wird dann aus dem Zusammenfluss der Roten und der Weißen Traun die eigentliche Traun. Wir wenden uns aber am Freibad nach links und folgen der Weißen Traun durch Siegsdorf. Am Kreisverkehr geht es über den Fluss. Links lohnt sich der Abstecher ins Mammutmuseum, wo wir nicht nur »Rudi« in voller Lebensgröße sehen, sondern sehr viel mehr Wissenswertes über die Eiszeit erfahren. Wer sich völlig dem Eis hingeben möchte, dem sei noch die leckere Eisdiele »Buon Gelato« am Kreisverkehr empfohlen.

Ruhpolding

Durch seinen Biathlon-Weltcup ist der Ort rund um den Erdball bekannt. Doch der Ort bietet auch Skifahren und Langlauf für alle und in der warmen Zeit gut markierte Wanderwege und genügend Gelegenheiten zum Baden. Das Heimatmuseum im herzoglichen Jagdschloss entführt in das Leben der einfachen Menschen, während das Holzknecht-Museum und die Glockenschmiede vergangenes Handwerk sichtbar machen.

Entlang der Weißen Traun Für die Rückfahrt folgen wir der Siegsdorfer Hauptstraße und biegen dann rechts in die Ruhpoldinger Straße ein. Kurz bevor wir die Gleise queren würden, wenden wir uns rechts auf einen Radweg, der uns nach Süden führt. An der nächsten Brücke wechseln wir das Ufer, das Gleiche machen wir noch einmal bei Eisenärzt. Durch die Orte Eisenärzt, Hörgering und Vordermiesenbach erreichen wir schließlich wieder Ruhpolding, wo wir nach links über den Fluss zur Ortsmitte und zu unserem Ausgangspunkt zurückradeln.

Linke Seite: Fliegenfischer in der Traun

Zugabe

Wir Autoren *sind ein Vater-Tochter-Gespann mit zum Teil ganz verschiedenen Vorlieben. Und so geht es wohl vielen Menschen: Während der eine gerne früh aufsteht und sich über den Sonnenaufgang freut, dreht sich der andere um diese Zeit noch mindestens zweimal im Bett um und wird erst viel später munter. Aus langer Erfahrung wissen wir, dass die Langschläfer meist in der Überzahl sind.*

Deshalb haben wir *die Touren so ausgewählt, dass die reine Fahrzeit unter fünf Stunden liegt. Gerade im Sommer erlaubt das noch viel Zeit, um die zahlreichen wunderbaren Kostbarkeiten unseres Landes kennenzulernen. Dazu gehören Burgen, Schlösser und Ruinen, die Zentren der kleinen Städte oder landschaftliche Schönheiten wie Wälder, Moore, Flüsse und vor allem die Seen. Bei vielen der Touren bietet sich die Möglichkeit für ein kühlendes Bad, verbunden mit einer Rast im Schatten der Bäume. Auch ein kulinarischer Einkehrschwung in einem der zahlreichen Biergärten und Wirtshäuser sollte nicht fehlen.*

Wir wünschen uns, *dass Sie die Touren genauso genießen wie wir. Auch Sie sollen mit der Erkenntnis nach Hause kommen, unser unglaublich schönes Land für einen Tag persönlich gefühlt und erlebt zu haben.*

So hoffen wir, *dass Sie bei allen Touren weder einen Regenschauer noch einen Sonnenbrand erwischen, dass der Wind stets im Rücken weht und dass weder die Kette aus den Ritzeln springt, noch die Luft aus den Reifen pfeift.*

Unvergessliche Radtouren wünschen Ihnen

Lisa B[illegible] [illegible]

Wiesenweglein in Hohenbirken bei Bad Heilbrunn (Tour 18)

Radfahrer am Maisinger Bach (Tour 9)

Register

In gleicher Reihe erschienen ...

ISBN 978-3-86246-571-2

ISBN 978-3-86246-580-4

ISBN 978-3-86246-559-0

ISBN 978-3-86246-280-3

J. BERG

www.j-berg-verlag.de

Impressum

Verantwortlich: Dr. Johannes Abdullahi
Redaktion: Christian Schneider
Layout: Eva-Maria Klaffenböck
Repro: Cromika
Kartografie: Heidi Schmalfuß
Herstellung: Barbara Uhlig
Printed in Slovenia by Florjancic

★★★★★

Sind Sie mit diesem Titel zufrieden? Dann würden wir uns über Ihre Weiterempfehlung freuen. Erzählen Sie es im Freundeskreis, berichten Sie Ihrem Buchhändler, oder bewerten Sie bei Onlinekauf. Und wenn Sie Kritik, Korrekturen, Aktualisierungen haben, freuen wir uns über Ihre Nachricht an Bruckmann Verlag, Postfach 40 02 09, D-80702 München oder per E-Mail an lektorat@verlagshaus.de.

Unser komplettes Programm finden Sie unter www.j-berg-verlag.de

In diesem Buch wird aus Gründen der besseren Lesbarkeit das generische Maskulinum verwendet. Weibliche und anderweitige Geschlechteridentitäten sind dabei ausdrücklich mitgemeint, soweit es für die Aussage erforderlich ist.

Empfehlung der Redaktion
Sie sind auf der Suche nach weiterführender Literatur? Dann empfehlen wir Ihnen den Titel »Genussradeln für Senioren Münchner Süden« von Bernhard Irlinger. Oder Sie werfen einen Blick in die Zeitschrift »BERGSTEIGER«. Hier werden Sie bestimmt fündig.

Bildnachweis: Alle Aufnahmen im Innenteil stammen von den Autoren.
Umschlagvorderseite: Stille Wege an der Kapelle Maria Rast in Bad Heilbrunn (Tour 18)
Umschlagrückseite: An der Grenze zum Ostallgäu radeln wir bei Traugau im Füssener Land (Tour 1).

Die Deutsche Nationalbibliothek verzeichnet diese Publikation in der Deutschen Nationalbibliografie; detaillierte bibliografische Daten sind im Internet über http://dnb.d-nb.de abrufbar.

ISBN 978-3-86246-701-3